大运河城市文化书系

丛书主编　卫军英

运河南端文化剪影

俞燕君　卫军英　等著

袁子霄　摄影

首都经济贸易大学出版社
Capital University of Economics and Business Press
·北　京·

图书在版编目（CIP）数据

运河南端文化剪影 / 俞燕君，卫军英等著. -- 北京 :首都经济贸易大学出版社，2021.12

ISBN 978-7-5638-3286-6

Ⅰ. ①运…　Ⅱ. ①俞…　②卫…　Ⅲ. ①大运河—文化研究—杭州　Ⅳ. ①K928.42

中国版本图书馆CIP数据核字(2021)第218142号

运河南端文化剪影

YUNHE NANDUAN WENHUA JIANYING

俞燕君　卫军英　等著

袁子霄　摄影

责任编辑　胡　兰

封面设计　傅星儒

出版发行　首都经济贸易大学出版社

地　　址　北京市朝阳区红庙（邮编 100026）

电　　话　（010）65976483　65065761　65071505（传真）

网　　址　http：//www.sjmcb.com

E - mail　publish@cueb.edu.cn

经　　销　全国新华书店

照　　排　北京砚祥志远激光照排技术有限公司

印　　刷　北京九州迅驰传媒文化有限公司

成品尺寸　170毫米×240毫米　1/16

字　　数　226千字

印　　张　15.25

版　　次　2021年12月第1版　2021年12月第1次印刷

书　　号　ISBN 978-7-5638-3286-6

定　　价　60.00元

2019年度杭州市哲学社会科学规划课题基地重点项目：城市文化叙事研究——江南运河诗路（项目编号：2019JD54）

“大运河城市文化书系”
总序

横贯南北的京杭大运河，从苍茫的历史深处流淌而来，穿过两岸林林总总的城市和田野，经历了无数次的改朝换代，淘尽了数不清的泥沙。千百年来桨声灯影，舟楫穿行，千里沧波如镜，千年长歌如诉。这条历经沧桑依然颜容不变的大河，作为中国历史文化的一个见证，在我的印象里宛然是中华民族从农耕文明走向工业文明、从大河文化汇入海洋文化的象征。

河流与城市的交汇，原本就是人类文明发展的自然集聚，因此作为人类社会进步的象征，本身就具有相应的符号价值。而京杭大运河这一中华民族的历史创举，更是这个古老的民族寻求沟通和繁荣的智慧结晶，它所铺展开来的不仅是南北漕运的通道，而且是承载中华文化的宏大舞台。夏日暮色苍茫之际，站在大运河的南端翘首北望，城市的天际线迤逦延伸，随之一种对文化踪迹的追寻，一种深沉的历史叙事感油然而生。亚里士多德有一个经典的定义：“人是具有逻各斯的动物。”文化在本质上说，也就是人类故事的演绎和符号化的过程。所以当我们从文化传播学视角来看待这些时，可以简单直接地将他的话转化为“人是符号的动物”。大运河如同一条美丽的丝带，而运河沿岸的城市则如同丝带串起的明珠。

因此，我们试图以京杭大运河为纽带，以大运河所连接的城市为节点，通过文化叙事方法，展示其充满民族色彩的人文魅力。叙事的核心内容自然围绕大运河以及沿岸的城市和人，围绕它所构成的斑斓的历史和现实。我们对大运河和城市的理解，如同法国城市地理学家菲利普·潘什梅尔(Philippe Pinchemel)在其所著《法国》一书中所说的那样：“城市既是一个景观、一片经济空间、一种人口密度，也是一个生活中心和劳动中心；更具体点说，也可能是一种气氛、一种特征或者一个灵魂。”这种理解不仅超越了一般自然和经济认识的局限，而且穿越物质存在的空间，延展到了更深层次的精神性层面，在某种意义上说就是指向了与城市相关的文化人格，以及由文化人格所折射出来的大运河所塑造与影响的城市形象和城市品牌。正是在这个意义上来说，我们对大运河与城市文化传播的关注，就不仅仅甚至主要不是着眼于商业文明，而是关注运河城市的风土人情和文化踪迹，以及以人为中心所交织和延伸开来的种种传说。

文化的传播是国家软实力的建构和重塑，大运河城市文化叙事无疑也具有同样的意义，因此这个书系作为文字形态的文化叙事，其目标并不止于进行简单的大运河城市文化资料搜集。当文化成为一种国家战略时，我们更进一步的愿景，乃在于探求一种叙事范式，即通过考察大运河城市文化，力求寻找具有特色性的叙事方法，实现某种符号表达和阐释体系的建设。我们理解任何宏大叙事，实质上都是基于具体对象的深刻观察而展开的，因此立足于大运河城市文化的叙事，本身也是探寻普遍性理论的一种路径。正如以色列历史学家尤瓦尔·诺亚·赫拉利（Yuval Noah Harari）所说的，人类社会发展很大程度上如八卦一般，通过故事的虚构和叙述而存在，而发展的过程自始至终都是在讲故事。所以简单地说，我们就是要通过讲好大运河城市故事，进而实现讲好中国故事，传播好中国声音。

书系的努力正好与我主持的哲学社会科学重点研究基地工作相对应，完全契合“城市文化创新传播研究中心”的工作主旨，同时也符合浙大城市学院“大运河文化研究院”的工作内容。校区的旁边就是古老的京杭大运河，每一天我们都与它相逢，默默地彼此关注，无声地对话。那种长期的陪伴不仅没有使我们对运河熟视无睹，相反，运河的清波似乎在传递某种隽永，而这种隽永成为我们所共享、传承，乃至于不断赋予意义的共有记忆。提出“集体记忆”的法国历史学家莫里斯·哈布瓦赫（Maurice Halbwachs）认为，记忆不是被保存下来的，而是在现在的基础上被重新建构的。也许这正是大运河城市文化叙事，在历史寻觅中历久弥新的基础。因此在这套丛书中，我们并不狭隘地封锁自己的目光，而是依循延伸的大运河和充满生机的城市，挖掘、探寻其千年历史文化演进所给予我们的“集体记忆”，通过一点点的努力，万涓成水汇流成河，将其汇入大运河般亘古不息并奔赴未来的历史长河之中。

卫军英

2017年6月25日

杭州栖溪阁

前　言

清波剪影运河端

横贯南北的京杭大运河，作为世界文化遗产，宛然从远古流淌而来，不仅见证了悠远的中国历史，也承载了延绵不息的中华文明，成为这个东方古国的一种文化象征。如今这条古老的运河，早已从一个单一的地理空间转化成了一个文化综合体。而在它的最南端、融南北之精粹的杭州段，穿过余杭塘栖，流经杭州城区，最后由三堡船闸汇入钱塘江，全长39公里，浩浩清波携刚柔，留下了一段灿烂的文化记忆，也给杭州这座城市打下了独特的文化烙印。因此我们观照大运河南端，剪影历史风情与文化片段，在某种意义上也是希望能从中一窥涵蕴其间的民族生生不息的精神魅力。

体悟大运河独特的韵味，从感官层面出发，首先需要对杭州运河的地理景观有一个清晰的认识；在认知层面上，则需要倾听运河背后的故事，也就是从精神世界建构的角度去理解。最终，我们能够从内心深处建立自发的认同，而文化认同恰恰才是最深层次的认同。这既是本书写作的初衷，也是期待能够带给读者的心灵感召。

杭州是以水闻名的文化名城。相比西湖的雅致，钱塘潮的壮阔，杭州的运河已经融于这座城市的街巷市井，因此沉淀了更多的生活气息。它亲切地流过市井，仿佛自然随心地与临河人家聊聊天，拉拉家常，就像老朋友般亲密无间。自然，一张张文化剪影就成了读者与杭州运河相识、相知中的一幕幕回忆。在这里，你可以一边漫步湖墅古刹，聆听香积寺的经文赞词，路过卖鱼桥边的埠头，一闻水路戏班船的游园惊梦；也可以立于大兜鱼市中，品宋嫂鱼羹之美味，游拱宸茶园，一睹盖叫天演绎江南活武松；还可以观武林夜景运河湾，遥想苏轼梦魂一夜到江涨……总之，杭州运河悠久的历史文化，历经沧桑的古镇老街、码头古桥，代代相传的古老传说，沿河而立的巍巍古刹，历久弥新的名诗名画，悠扬的船歌民谣，特色鲜明的民俗风情以及现代旅游文化所建构的文化图景就在这字句之间铺展开来。

我们希望用一种别样形态，有温度地连接历史与现实，在娓娓道来的叙述展示中，与喜爱大运河的人们达成某种情感上的神合。正如法国作家、思想家罗兰·巴特所说的，叙事不仅是文学，绘画、电影、连环画、社会杂闻、会话等都具有叙事性，而叙事承载物可以是口头或书面的有声语言，也可以是固定或活动的画面、手势，以及所有这些材料的有机混合。巴特的观点为我们呈现杭州运河的多元文化开启了一个新的视角，这就是当叙事成为一种文化时，它的对象和承载体可以是多种多样的。正是在这个意义上，我们选择主要以文化叙事的方法并结合相关文献的解读来考察江南运河杭州段，将文化叙事理论与运河杭州段历史文化相结合，这也是目前为止第一次采用历史图景与现实图景、运河文化与当代文化相融合并直接服务于杭州城市文化建设和城市品牌传播的一种尝试，实际上更是对城市品牌建构及文化传播内在价值的深度挖掘，相信同样也是“讲好中国故事，传播好中国声音”理论与实践相结合的一次有益尝试。

文化是民族的根。我们从运河深厚的文化积淀延伸到新时代文化发展，通过挖掘南端的文化底蕴，赋予其新时代的生命活力；同时力求为传统文化的现代转化和传播创新带来新的思路。

目　录

第八章　船歌民谣悠悠大运河 / 160

第九章　运河南端的民俗风情 / 183

第一章　江南运河的历史文化

一、隋炀帝的大运河

大运河作为世界文化遗产，形成于历史的时空之中。谈及大运河，则不能不写隋炀帝，因为正是他谋划和主导了整个大运河的修建，进而形成了纵贯大半个中国的图景。今天的京杭大运河已经取直从北京直下杭州了，这是元朝时疏浚的，大约1 794千米。但隋唐时期的运河比这个要长很多，隋唐大运河是以中原帝都洛阳为中心，南起余杭（杭州），北至涿郡（北京），隋朝开凿，全长2 700余千米，流经今浙江、江苏、安徽、河南、山东、河北、天津、北京八省市，沟通钱塘江、长江、淮河、黄河、海河五大水系，是中国古代南北交通的大动脉。

隋朝开渠唱水调，而《水调歌头》则是唐宋诗词中广为人知的一个词

牌，其来源于唐朝的大曲《水调歌》，据《隋唐嘉话》记载，此曲即为隋炀帝凿汴河时所作。这里的开挖汴河，即为修筑运河的工程。凡大曲皆有类似于序曲的“歌头”，此调系截其首段而为之。2014年6月大运河申遗成功的那天，我曾填词《水调歌头》寄寓历史，感怀其事：

千里运河水，浩荡越千年。
帝京舒展河洛，涿郡北行间。
通济黄淮东向，情系维扬明月，烟柳画楼船。
多少古今事，谁与说悲欢。

隋运短，业未竟，命先残。
可怜壮志湮灭，血泪溅江山。
依旧琼花传唱，总为拱桥倾诉，长叹几凭栏。
波漾笛声起，流逝更无言。

（卫军英词）

从历史的角度看，隋炀帝开挖运河之事堪称是一件不朽之功绩，但是千百年来这件事情却招致了对他的唾骂。而隋炀帝也一直被戏说成一个荒淫的暴君，这多少跟代隋而起的唐朝有关系。唐朝要标榜自己的正义，就必须要把前朝被推翻的皇帝彻底妖魔化。其实隋炀帝原本是一个英武的开创之君，也曾经建立了很多不朽的历史功绩，他统一南北，东征西拓，开科修渠，畅通丝路，许多都是前朝后世未能实现的伟业。隋炀帝的功业，在当时乃至后世并不完全被人理解。即如大运河，不仅贯通中国南北，实现了从中央王朝腹地的中原到东部、南部和北部的交通连接，而且有力促进了经济发展，保证了王朝的统一和文化的传播。也许是因为隋炀帝太有领先意识了，而这种意识中往往包含了许多浪漫的因素，从而使他忽略了这个统一的帝国，在他之前经历了400多年的战乱分裂，到他手里统一才不过30年时间，而他又想在短短的几十年间，便完成千百年来的历史壮举，以至于耗竭民力招致天下大乱。可怜其胸怀大志伟业未竟，后世但谓之以荒淫。倘使隋帝之业有成，则汉武唐宗为之逊色也。

隋朝的开国之君是隋文帝杨坚，统一南朝则是由杨广作为兵马大元帅完成的，杨广也就是后来继承皇位的隋炀帝。在隋炀帝的武力征战中，人们经常提及东征高句丽的事情。其实他在开拓疆域的过程中，不仅向西北击败了突厥、吐谷浑，而且跨海收服了琉球。这些功劳都堪称是冠绝今古。早期的隋炀帝不仅志向高迈，而且勤勉不畏艰辛。大业五年（609），隋炀帝率大军从京都长安出发到甘肃陇西，西上青海横穿祁连山，经大斗拔谷北上，到达河西走廊的张掖郡。这次出行绝非游山玩水那样轻松，因大漠边关环境恶劣，士兵冻死大半，随行官员大都失散，一路吃尽苦头的隋炀帝也狼狈不堪。但他也因此创造了一个远征纪录，中国皇帝抵达西北这么远的地方，空前绝后只有隋炀帝一人。

隋朝统一南北，结束了魏晋南北朝400余年的分裂。而魏晋南北朝时期，中国门阀政治登峰造极。隋初文帝20年有“开皇之治”，隋炀帝即位后继续推广一系列政治经济措施，却引发了社会上下的动荡。比如在政治改革上，急于打破关陇集团和士族统治，引发了上层之间的政治冲突。如果说真的是隋炀帝导致了王朝的覆灭，所谓劳役天下也许只是一个导火索，更深刻的社会原因只能归之于统治阶层的内部斗争。那些既得利益受到侵犯的上层集团，不满隋炀帝打破世家门阀垄断仕途的举措，借助民怨拥兵而起对抗隋炀帝。只要看看隋末割据一方的大军阀，杨玄感、李密、王世充、刘武周、李渊、宇文化及等，哪一个不是来自上层阶级。可怜隋炀帝总是被后世戏说得太多，建立了显赫的历史功业而又没有稳定一统天下，其兴也勃，其亡也忽，因而背负了千古的恶名。

杨广这个悲剧性的皇帝，聪慧英俊，既有文采武略、伟大抱负，也建有盖世之功，但是却没有一个好的结果。隋炀帝在文学史上也是很有一些贡献的，其诗歌一洗南朝绮靡之风，被《隋书·文学传序》评价为“并存雅体，归于典制”。例如，其《野望》：“寒鸦飞数点，流水绕孤村。斜阳欲落处，一望黯消魂。”《春江花月夜》两首：“暮江平不动，春花满正开。流波将月去，潮水带星来。”“夜露含花气，春潭漾月晖。汉水逢游女，湘川值二妃。”初唐与盛唐之交诗人张若虚的《春江花月夜》，被誉为“孤篇横绝”，从中就可以看到隋炀帝诗歌的影响；而大唐盛世的很多壮举，也是由隋炀帝拉开序幕的，在盛唐的风采里总能感受到隋炀帝的一些影子。也许他的所有悲剧，都是因为他太有想法了，以至于总是脱离现实。自打他被打上亡国荒淫暴君的烙印，世人皆以为他真的那么荒淫，其实他对老婆还是很好的。隋炀帝的皇后就是历史上的萧皇后，她是聪慧富有教养的梁朝公主，其曾祖父即以编撰《文选》流芳后世的昭明太子萧统，隋炀帝一直都宠爱着这个皇后。宇文化及兵变江都弑杀炀帝的那年，萧皇后已经年逾五十，青春美貌早已流逝，隋炀帝却一如既往地尊重她和宠爱她，自始至终没有冷落过她。而这萧皇后也算是一个奇女子，隋炀帝死后几度流落甚至到了东突厥，最后仍旧被唐朝太宗皇帝李世民迎回长安，以礼相待直到81岁终老。

从历史的视野中回看大运河，它是农耕文明走向商业文明的桥梁，成为沟通大河文化与海洋文化的一种象征。大运河不仅养育了沿线千千万万百姓，而且积淀了丰厚的历史文化遗产。今天随着交通工具的开发，大运河已不再是沟通中国经济的主动脉，尽管它的经济功能渐渐退出历史舞台，但它的历史文化价值却历久弥新、熠熠生辉。虽然后世的戏说给隋炀帝打上“荒淫无德”的烙印，但是历史风尘却无法抹去其应有的功业，所以唐朝诗人皮日休在《汴河怀古》诗中说：

万艘龙舸绿丝间，载到扬州尽不还。
应是天教开汴水，一千余里地无山。
尽道隋亡为此河，至今千里赖通波。
若无水殿龙舟事，共禹论功不较多。

皮日休显然带有一种比较客观的视角，他甚至把隋炀帝的功绩比之于上古历史传说中治水的大禹。感叹历史，多年来我曾几次撰文申说，一直希望能还原隋炀帝杨广的历史功绩，至少给这个有作为的皇帝一个客观的评价。所以，当年填词《水调歌头》之后，为了更便于现代人阅读，曾特意疏通词中典故，把这首旧体词绎为新体，并名之为《哀隋炀帝》:

流淌千里的运河水啊
浩浩荡荡已经穿越了千年
想当年隋帝迁都洛邑
把洛水从帝京与运河相连
它北向贯通到涿郡之间
往东开凿通济渠沟通黄河淮河
都说是隋帝向往扬州的明月
烟花三月时河岸的垂柳
映衬着如画般航行的楼船
隋炀帝的大运河啊
古往今来有过多少传说
又有谁能说尽其中的悲欢
短暂的隋王朝不过三十年
隋帝的抱负还没有完全施展
君王高贵的生命便受到摧残
一条白绫带散落在江都的船舷
可怜他满怀的壮志也随之湮灭
抛洒的碧血浸染了岸草江山
至今依旧说道他是贪图享乐
巡游扬州为了寻觅美丽的琼花
又有几人能听到拱宸桥低声倾诉
在桥畔感念历史长叹凭栏
此刻夜月洒在运河上波光荡漾
河边又响起哀婉的笛声
笛声中流逝的运河水悄然无言

二、江南运河杭州塘

江南运河也曾被称为江南河、浙西运河，是指京杭大运河的南段。北起江苏镇江，绕太湖东岸达江苏苏州，其南端至浙江杭州。通常把京杭大运河的全程分为七段：通惠河、北运河、南运河、鲁运河、中运河、里运河和江南运河。而以杭州为最南端的江南运河，是其中历史最为悠久的一段，最早可以追溯到春秋吴、越国时期。早在公元前3世纪的春秋战国时代，因长江与钱塘江之间地势低平、河湖密集，已出现沟通河湖的运河。后经历代开凿、疏浚，江南运河渐渐地初具规模。隋炀帝大业六年（610）重新疏凿和拓宽长江以南运河故道，形成今江南运河。地处钱塘江入海口、长江三角洲暨太湖流域南缘的杭州，是京杭大运河的南端，其在历史上曾对我国的文化产生过极其重大的影响。

杭州也是世界上最先开凿运河的地区之一。江南运河的杭州塘，在中国运河史上具有十分重要的地位，日本著名学者池田静夫《中国水利地理史研究》（日本生活社1940年版）一书中称杭州为"运河之都"，"杭州就是近世中国的文化——包含物质文化和精神文化两个方面的摇篮"。

从历史上来说，江南帝国的首都多建立在建康（建业），即今日之南京，而不是在杭州。扼处长江下游，居丘陵性的金陵台地之上的南京，自古就有帝王之气。根据中国古代的传说，今日流经南京的秦淮水，是秦始皇时所开掘的，而据说正由于此河的开掘，才使这里一直都藏着的帝王之气不断散发出来。自古在江南一带的帝王，都以南京作为首都，这也体现了汉民族的传统精神。

然而从水路交通的便利上来看，南京毕竟不如杭州。控制水路也就控制了帝国，从这样的角度来看，杭州又比南京更有优势。因此，南宋王朝就是充分认识到杭州本身所具有的地位，并利用其地利而顺利地经营帝国的事业。建立在现实主义的立场上，南宋将杭州定为首都，杭州作为江南帝国首都的地位才实至名归。因而，杭州作为近世文化摇篮的地位，也正是在这个时期所育成的。

南宋之后，继承它的元朝是蒙古人所建立的，他们将大都即北京城定为都城。不过，元代统治者并不能真正受到汉人的敬服，在当时汉人的心目中，都城依旧是杭州。不满元朝统治的一群文化人聚集在他们心中的都城杭州，以此地为中心开展了一场声势浩大的文化活动，而这些起源于杭州的文化逐渐向四方流传。后来，那些与杭州文化关系密切的文化人，逐渐分散到各地，成为各地方文化的母胎，这些文化不断地互相排斥、互相影响，最终形成近世的中国文化。

纵观历史，杭州运河流淌至今，经历了上千年的风霜，它不仅给杭州带来了财富融通和文化交流，更凝聚了一种深厚的人文情结。这种情结，伴随着运河脉搏的跳动而更加凝重、更富张力。如今，新时代赋予了大运河杭州段新内涵，杭州市围绕“还河于民、保护运河、打造世界级旅游产品”三大目标，实施京杭大运河（杭州段）综合整治与保护开发工程，进一步增强了运河的生态、文化、旅游、休闲、商贸、居住、水利等方面的功能，推动运河的生态效益、社会效益、经济效益的最大化、最优化。

今天的杭州，江南运河杭州塘古今相融、河景相映，历史精华得以传承发扬，文化积淀历久弥新。杭州因运河的畅达而更加美丽，运河因杭州的美丽而更加畅达！

三、在大运河的南端

隋唐以来江南得到了快速开发，最主要的原因在于大运河的疏通。京杭大运河带动了一批沿河城市的发展，杭州作为大运河最南端的城市，草市、鱼市、盐市得到充分发展，人口兴旺、经济繁荣。据乾道《临安志》记载："自陈置钱塘郡。隋废郡为杭州，户一万五千三百八十；唐贞观中，户三万五百七十一，口一十五万三千七百二十九；开元中，户八万六千二百五十八。"从隋朝到唐开元中期，户数增加了五倍之多，可以看出运河的开通促进了杭州人口的增加。《全唐文》中《杭州罗城记》载："东眄巨浸，辏闽粤之舟橹。北倚郭邑，通商旅之宝货。"可见在当时，杭州就已是商贾辐凑，商业十分发达了。

流淌千年的大运河（江南运河）见证了杭州的成长与变迁，奠定了城市格局，拓展了城市地域，繁荣了城市经济，丰富了城市文化，也为我们留下了丰富的旅游资源和文化遗产。

说起大运河的南端，就不得不提及杭州的拱墅区。拱墅区坐落于杭州城市的北面，也是京杭大运河的最南端。运河拱墅段蜿蜒十余千米，拱墅的历史与运河的文化一脉相承，一样地源远流长。

如今位于杭城北部的拱墅区是杭州市的中心城区之一，旧时老百姓习惯称这一带为“湖墅”。湖墅，取贴近西湖之意，其名起于何时已难以查考。根据光绪二十二年《湖墅小志》记载：“则上自武林门，下至北新关，以及西则钱塘门而抵观音关止，东则艮山门而抵东新关止，概谓之湖墅。”可见早年的湖墅区域之大。现在“拱墅”的称谓以拱宸桥和湖墅两地各取一字而得名。古老而秀丽的京杭大运河，宛如银练穿境而过，风光旖旎，环境优美。

拱墅区名胜古迹众多，有水田畈遗址、半山石塘战国墓遗址、拱宸桥、香积寺石塔、高家花园、洋关、珠儿潭、富义仓、小河直桥、桥西名居、湖墅八景、欢喜永宁桥、祥福桥、半山桥等文保单位和遗址，也有泥马渡康王、康熙乾隆下江南等传说逸闻，留下了宝贵的文化遗产。2014年在京杭大运河的申遗中，全浙江共11处申遗点，拱墅区占据3席，是浙江省所占申遗点最多的地区。其中，从繁华的武林门到沧桑的拱宸桥是目前运河杭州段历史古迹最为集中、古运河风貌最为典型、运河文化底蕴最为深厚、旅游资源也最为丰富的一段。据史料记载，清朝乾隆皇帝在位60年间，6次从京城出发南巡至杭州，御舟5次泊在湖墅运河码头。江南运河第一桥——拱宸桥，杭州地区唯一留存的清初佛塔——香积寺石塔，见证运河漕运货运历史的富义仓遗址等名胜古迹更是为市民耳熟能详。大运河的贯通，极大地促进了整个运河区域自然、生态、生产环境的改善，形成了独特的文化。

拱墅区历史虽然可以上溯到新石器时代的末期，但是拱墅经济文化的发展却是与运河密切相关。尤其是清末民初以来，依托运河便利的运输、取水、排放功能，近现代工业在拱墅境内蓬勃兴起，一时间运河两岸人声鼎沸、机器轰鸣，并从此奠定了拱墅在杭州乃至浙江的工业重镇地位。大运河养育了拱墅，拱墅的发展变迁也见证了大运河的历史沧桑。

运河千年流芳，拱墅自古繁华。“千年古运河，十里银湖墅。”这是拱墅的历史印迹，也是拱墅人始终抹不去的那份情愫。大运河在杭州呈现了一幅“流动的中华文明，休闲的天堂画卷”。在这里，外国人领略“很中国”，中国人感受“很杭州”，杭州人体验“很时尚”！

四、纵横汇流的溪河

江南运河跟通常意义上所说的河并不完全一样，它并不是一条由单一河道组成的河流，而是有主河脉沟通的一个河网。我们常说江南运河是“活”的，因为组成它的血脉，就是一条条纵横汇聚、细密如织的河川溪流，并且直至今日，江南地区的不少主干运河航道仍然承担着运输的作用，充满着历久弥新的生机和活力。

江南运河段流经的地区如杭嘉湖平原，水网密布，溪流纵横如织，彰显着水乡的丰盈和充沛，为运河的贯通提供了客观的条件。可以说江南大运河自成为一个体系，其中的各段形成了以运河为骨干的蛛网

状水系和横塘纵浦、圩田棋布的塘浦圩田体系，互相联结并沟通。地理环境和自然环境决定了江南地区多水的特质，造就了水灵灵的江南，也使得江南地区的运河开凿具备了得天独厚的优势和条件。江南水乡河流密布的程度使得“以河带路”成为其重要的文化，从而使得桥和船成为人们出行所必不可少的工具。固定的是桥，几乎有河的地方就有桥。比如湖州市的练市、善琏、双林等，它们都是普通的水乡小镇，一镇上下大大小小竟有桥数十座。会动的工具便是船了。船是人们出行必不可少的交通工具和重要的运输工具，有河的地方也定能瞧见船的身影。穿梭并通行在运河深深浅浅的河道上的船只，在漫长的岁月里为两岸的人民带来了满满的粮食、物资和商品，为江南运河沿岸城镇带来了繁荣和兴盛。

从江南地区的各个地方、城镇的地名就不难看出密布的水网带来的深刻印记。在江南运河水网边的城镇名，很多是以三点水为偏旁的，如良渚、荻港、埭溪、南浔、湖州等，一听便和流淌穿梭其中的河溪紧密相关；还有不少地名以土字旁为偏旁，那大约是挖掘运河时累积在岸边的泥土吧，像是坪啊、埠啊、塘啊、坝啊、墩啊、堰啊等。

江南运河从古至今，经过无数次的挖深、改造、疏浚，从苏南入浙江逐步分为了东、中、西三线，共同构成了横贯东西、纵穿南北的运河水网。《漕运河道图考》记载：“浙江运河之水源于天目山，这带为河网区，以运河为经，众川为纬。”其中，东线是古运河线，北起江苏平望，流经王江泾、嘉兴、石门、崇福、塘栖、武林头到杭州。东线水流平缓、流量丰富，是江南运河航道中最为繁忙的。中线始自平望，经澜溪塘到乌镇、练市、含山、新市、塘栖、勾里、武林头，止于杭州三堡。西线从江苏平望起，西经梅堰入浙，途经震泽、南浔、东迁、旧馆、升山、八里店、三里桥到湖州，往南经和孚、荻港、菱湖，进入德清县境的泉溪、干山、雷甸，至武林头、杭州。

江河湖水的交汇促成了诸多运河城市成为重要的关口和交通枢纽。就拿江苏境内各段来说，镇江段被称为“黄金十字水道”，正是得益于长江和大运河在此交汇的优越的地理位置。常州运河段，是江南运河众多河段中唯一连江通湖的，具有重要的地位。古都南京城，拥有多达38条运河，自成体系，并经由太湖、长江等水系连接着大运河，在源源不断地输送繁荣的同时也接受着运河的反哺和滋养。徐州段更是汴、泗、黄、运四河交错，地处要冲。得天独厚的地理位置为这些地处交汇点的城镇带来了无数的机遇，孕育了它们在历史上的荣光，也留下了无数宝贵的遗产。

五、流淌的历史人文

20世纪40年代，萧红笔下的呼兰河诉说着时代的善良和愚昧。如今，苍老的大运河在我的面前诉说着历史的兴亡，诉说着两千五百多年来的苦难与辉煌，诉说着芸芸众生的艰辛、困苦、抗争与希望。穿过城乡田野，穿过河湖港湾，沿着河边小路逐渐前行。一路走来，让人忘掉岁月的斑驳，两岸风光、风土人情、历史文化，尽收眼底。

夫差时期的邗沟到开凿永济渠，奠定了其后大运河的整体走向。大运河配合着中国西高东低的地势特点，在北方战争频繁的年代，将南北衔接，为战火纷纭中的人民留下了一条躲避兵燹饥馑的生命通道。这样的地理衔接，融合了各地的地域文化，形成了独一无二的多元包容的大运河文化。古时候运河两岸的老百姓举办各种各样的庙会活动，有杂技、魔术、戏曲表演等。著名的谭鑫培等各大名角都在此登台表演过。每当庙会活动期间就有周边居民前来观看、购物，展现出一片繁荣稳定的景象。到如今苏州、扬州、镇江等重要城市的发展，江都、临清、沧州等小城市的崛起，再到运河上的说不出的无数小支流的延续，让大运河不断地延伸到中国东部膏腴土地的每一个角落，延伸到每个中华儿女的乡土和家园。

大运河历史上的繁荣，留下了太多的人文历史景观，需要我们去探索。独特的水文化已经渗透进江南的每一方水土。它不仅是南北的经济动脉，也是历史文化的承载物。从隋朝到清朝，从夫差、炀帝、忽必烈等君主到文天祥、龚自珍、林则徐、魏源等名臣，到与大运河相伴生生不息的普罗大众，大运河扎根了一千多年，孕育了一方绚丽独特的运河文化，如同巨幅山水画细细描绘着一个个动人的故事，形成一种以交流、开放、包容为特点的流动的文化，成为中华文化的重要组成部分。

大运河是中国逆天改命的重举，如果说长城凝结了历史，那么大运河就是流动的文化，推动了中国政治、经济、文化、外交的发展。不能单方面把朝代的衰亡归结于大运河的建造，也不能单方面地把中国的繁荣归结于大运河的开通，但大运河确确实实地塑造了人杰地灵的江南。江南的绵绵细雨令人沉思，江南的石桥布满沧桑古迹，映在一座座石桥下流淌的河水中的是无尽的未来。

“尽道隋亡为此河，至今千里赖通波。”可能有人会认为，这条相当于黄河三分之一长度的运河只是修建的一条水道，起到了运输的作用，实际上它体现的是中华儿女的一种精神信仰。日常生活中，大多数人感受不到大运河的存在。我想如果有一天把运河完完全全剥离我们的世界，我们可能是完全适应不了的。毕竟，它的美，是流淌着的历史人文，是说也说不完，写也写不尽的。

六、隋唐的江南运河

历史悠久的京杭大运河，在中国古代各个方面都发挥了重大的作用。虽然大运河早在春秋时期就已开掘，但是它真正的贯通和大发展，尤其是江南运河开始繁兴，却是在隋唐时期。这条穿越中国南北、贯通古今历史的运河，承载了无数生动的故事，成为中国经济文化的宝贵财富，也是世界上极为重要的物质文化遗产。

众所周知，大运河的大规模开凿始于隋朝。当时之所以会有这样的动机和举措，是和中国结束几百年的南北分裂之后，经济、政治发展的客观需求息息相关的。隋以前的政治、经济、军事中心主要集中在北方，短途的河运和陆运足以满足物资运输需求，因而尚无开凿大运河的客观必要。但是自东汉末军阀割据始，政权争夺愈演愈烈，致使北方的人口锐减，经济萧条，自然而然造成了人口的大量南迁，促使经济中心开始南移。刚统一起来的隋政权心有不安，迁都洛阳之后更是遭受北部突厥外患威胁，因而亟须加强联通以会稽为经济中心的南方地区，使其供给粮食物资，即

“南粮北送”，同时在军事上加强对南方新统一地区的控制。

因而，在前朝前代已经建成的运河框架雏形之上，隋朝开始了声势浩大的大运河修造工程。以东都洛阳为中心，先后开凿疏浚了几条主要河渠，构成了多枝形运河体系。通济渠的开凿沟通了黄河与淮河；出于征伐高句丽的军事目的，隋炀帝大举百万人力开凿了永济渠；还改造了江南运河和邗沟。自隋大业六年（610）起，在长江以南开拓了江南运河，是为如今大运河江南段的雏形。《资治通鉴·隋纪》中对“江南河”的凿通有如下记载：“冬十二月，敕穿江南河，自京口至余杭，八百余里，广十余丈，使可通龙舟，并置驿宫、草顿，欲东巡会稽。”此后的历朝历代也对江南河段进行了大规模且持续不断的贯通、拓宽、疏浚和整治。

贯通全国，南抵余杭（杭州），北至涿郡（北京）的水运干线网络在隋朝得以成形。这个系统工程的核心领导人物隋炀帝因滥用民力在历史上留下不少非议，也直接引发了隋末农民起义，王朝由此覆灭，可以说成也运河败也运河。但不可否认的是，大运河确实成了利在千秋的工程，正是隋朝奠定了京杭大运河的壮丽格局。

隋朝是一个只有30余年历史的短命王朝，但是它却为中国历史做了许多开拓性的贡献，兴于隋的大运河也成了唐朝发展重要的生命线。在唐朝历次的政治斗争中，运河以及其沿岸的交通枢纽城市也多次成为重要的战略要地。比如武则天以30万大军南下平定了徐敬业以扬州为中心的叛乱，打消了其占据江南运河重要据点以切断北上赋税通道的如意算盘。安史之乱双方更是不放松对运河的控制权，唐朝将领死守并夺取重要的渠道从而保障了军队的粮路不被阻断。唐王朝之所以对浙东地区的裘甫起义提心吊胆，及时出兵镇压，与浙东的地理位置和经济地位息息相关，唯恐其会波及整个江南运河段从而阻断赋税北输的命脉。黄巢起义由于并未能控制运河沿岸，没过多久就被剿灭。运河对于王朝的稳定和大一统格局的作用可见一斑，尤其是在战时，对于统治者来说，大运河称得上是不可中断的生命线。同时，唐朝也对大运河进行了一系列如疏浚河道、培堤筑岸、改建船闸的整修工作，保证了大运河航道的通畅与生机，并逐渐形成以东、中、西三条航线为主干的运河水网。

运河的开凿与贯通，始于统治者加强大一统中央集权、控制南方经济中心的目的，出于军事征伐粮饷运输和补给的客观需求，大运河无论是在经济上、军事上还是政治上，都发挥了重要的作用。同时，大运河

的开凿也促进了南北的沟通，以及经济重心的进一步南迁。作为漕运和赋税的生命线，它为中国古代大一统政权的稳定、发展和繁荣作出了不可磨灭的贡献。隋朝以洛阳为中心的运河网的形成，尤其是江南运河段的开通，极大地促进了南北经济和文化的沟通交流，运河沿岸的城市也在其孕育下逐渐兴起，尤其是江南运河沿岸的城镇，发展至唐朝已是一片市井喧腾的模样。如今在古老的运河沿岸城市，仍然可以追寻到往日的辉煌印记。

七、宋朝的江南运河

北宋定都开封后，一改以往一贯以陕、洛为全国政治中心的格局。两宋之际，随着长江流域经济地位的日渐提高和北方再一次陷入战乱，中国历史上迎来了第三次大规模的人口迁移，经济重心持续南移并在两宋期间最终完成。而这一时期的运河系统也呈现出空前的繁荣景象。

北宋与北方的辽、夏政权对峙的局面，以及北宋朝廷“守内虚外”政策的实行，使得南北水运意义十分重大。这一阶段，北宋朝廷的州府不断改造、疏浚前朝原有水道，形成了以首都开封为中心，并向四周辐射的人工水运系统。最为著名的“漕运四河”就是这一时期的产物。而作为“国家根本”的江南地区的运河则承担了集运江南漕粮的重任，因此当政者对江南运河的整治工作尤为重视。

江南运河的整治主要分为两段，一是淮南运河（即邗沟、山阳渎），二是浙西运河（即隋唐江南运河）。淮南运河段一直以来多有风涛之险，特别是盱眙至楚州（今江苏淮安）段，“山阳湾尤迅急，多有沉溺之患”（《宋史·河渠志》）。为避长淮之险，雍熙年间（984—987）自楚州末口至淮阴磨盘口，开凿40里沙河；又自淮阴西至洪泽镇开49里洪泽渠；元丰元年（1078）自洪泽镇至龟山镇（今江苏盱眙东北）傍淮水开渠50里，这三段运河保障了漕运的安全运输，来自江南各路租籴经由真（今江苏仪征）、扬（今江苏扬州）、楚（今江苏淮安）、泗（今江苏盱眙东北）四州受纳，分船入汴水抵京。浙西运河段的改造主要是在隋唐江南诸河道的基础上进行疏浚以及补水，改原有堰坝一律为石闸，改土岸为石纤道，截弯取直。在润州（今江苏镇江）京口闸以东开凿新河、海鲜河、甘露港；以西新凿蒜山漕渠，作为辅渠引江水济运。修治丹阳练湖，补给运河水源。于杭州疏浚茆山、盐桥二河，分受江潮湖水以助运。自此，淮南运河、浙西运河稳定通航直至宋亡。

南渡以后，南宋偏安一隅，纲运饷粮，皆仰仗十七路州军，但因临安左湖右江，船运最为便利，运河继续发挥重要作用，在维护使用淮南运河、浙西运河的同时，南宋全力整治浙东运河。浙东运河西起今杭州市萧山区西兴镇，东经萧山、越州，至今绍兴市上虞区通明坝，将宁绍平原的钱塘江、浦阳江、曹娥江、余姚江、甬江和东海联系起来。两宋在唐朝原有纤路、斗门基础上疏浚旧道、开挖新河，增设闸堰，这条运河不仅在经济上供给首都，还成为联系海外的生命线。

总的来看，宋朝是中国古代经济科学技术高度发展的一个朝代，运河发展也达到较高水平，无论是选线、布局，还是水运工程技术都胜过前朝，运河带来的经济和社会效益，使得宋朝在政治中心和经济重心相脱离的情况下依然延续了300余年。对宋朝来说，运河兴则国兴，运河衰则国衰。运河的极高地位对之后的封建统治来说也极具借鉴意义。

八、明朝的江南运河

明朝是中国历史上商品经济蓬勃发展的一个时期，也是中国封建制度逐渐走上顶峰的重要阶段。在这样一个统一辽阔的版图里，作为当时交通运输重要手段的水运，无疑是国家命脉。早在明朝建立初期，朱元璋还未灭元统一时，他就对水运要道进行了局部治理，到明成祖朱棣即位（1402）迁都北京，全国的漕运形势发生变化，政治中心北移，而经济重心早已转移至江南地区，“苏湖熟，天下足”足以说明，江南地区的经济发展水平在全国是领先的。在这样的背景下，通过水路将南方的粮食等物资转运到北方，成为维系统治的重要基础。而漕运制度在水运繁荣发达的明朝也逐步完善。

明朝的江南运河，主要分为两段：一是自江苏镇江、丹阳、常州、无锡、苏州、吴江至省界王江泾，为江漕；二是自王江泾，经嘉兴等地至杭州，此为浙漕。这两段大体都是按照前朝的运河故道，继续进行疏浚清淤以及保水补水的工作。其中，江苏段内的镇江至丹阳段运河，历来都是江南运河工程中最艰难的一段，这一带岗丘连绵，地势高，地质复杂，是历代江南运河开凿、修建的重点河段和运道。同时，还引丹阳练湖补足运河，疏浚拓宽河道。王江泾段的运河古塘，由于年久失修，“尽行崩坏”。吴国仕任嘉兴知府后，修复运河古塘，以石材修建岸坝。而作为江南运河终点的杭州，在宋运河的基础上，成化十二年（1476）“涌金门北创开水门导西湖水……入城，达城河”。经过明朝的多次挑挖疏浚治理，杭州城内形成了有4条主干河道以及纵横沟通而又关系运河的城内水系。自此，京杭大运河的江南运河段形成了一个整体，沟通起长江、太湖、西湖、钱塘江等水系，成为大运河上最繁忙的航道。

苏州、杭州作为江南运河段上城市发展的代表，从运河漕运的繁荣中受益良多。商品经济的快速发展使得苏、杭的工商业发达起来。大运河将苏、杭与北方城市连接起来，促进了人口流动，诞生了很多市镇和出现了城市化的萌芽。同时，作为江南水乡的苏、杭，原生的众多交错密布的河网也因为大运河主干道的通行而被盘活，江南随处可见的水、桥、船，组成了一幅繁华的东方威尼斯景象。

可以说，明朝是中国古代水运发展的高峰阶段。许多运河沿线的城市因水而兴，城市经济和人民生活都因为交通的进步而发生巨大变化。运河在中国历史上的意义是无可比拟的，它不仅给我们带来了经济效益，更蕴含了无比珍贵的历史文化遗产。

九、清朝的江南运河

明清时期江南运河沿岸的城市是当时中国最富庶的区域，京杭大运河的南北东西全方位贯通，形成水网，成为漕粮的重要输出方式，水上繁忙的漕运和航运的现实需求使得江南运河区域的经济和城市的发展有了经济基础。清朝的江南运河大致沿袭明朝，贯通浙、苏、鲁、冀四省，运河所经之地的气候、自然条件各不相同，从南北地理上看，其农业经济发展呈现不同的特点。长江以南的运河地区，气候温和、雨量丰沛，粮食的产量高，由此促进了农业商品化的发展。

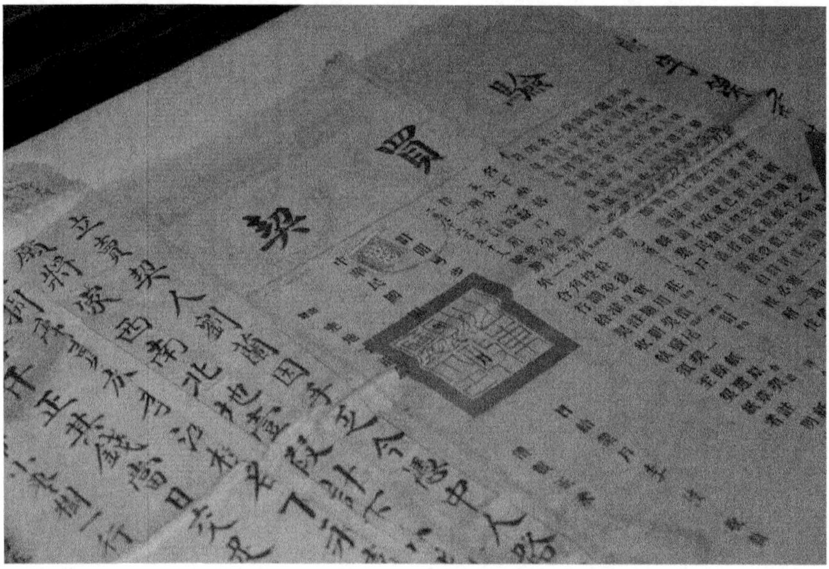

自开通以来，大运河就成为中国古代重要的水上交通运输线，但因为水源不足和黄河的侵害等因素的影响而长期运行不畅。明、清两朝为了漕运的通畅，投入了大量的人力、物力，多次对大运河加以修治。到了康熙、乾隆年间，政府在大力治理运河的同时也整治黄河，才使得黄河与运河的关系暂时稳定。乾隆后期，由于朝政的混乱和官吏的腐败，河工也逐渐松懈。黄河多次决口，不断堵塞运河道路，朝廷未能及时修复而是采取了借道黄河的措施，得以勉强维持漕运的功能。随着京杭大运河的功能逐渐丧失，江南一带的经济发展也受到了制约，传统的手工业失去了市场，江南的织布产业急剧萎缩，布业城镇的经济滑落使得城市与乡村之间的联系越发疏远，并且伴随着洋布、洋机器的大量引进，织布业的市场萎靡使得江南的手工业难以为继。

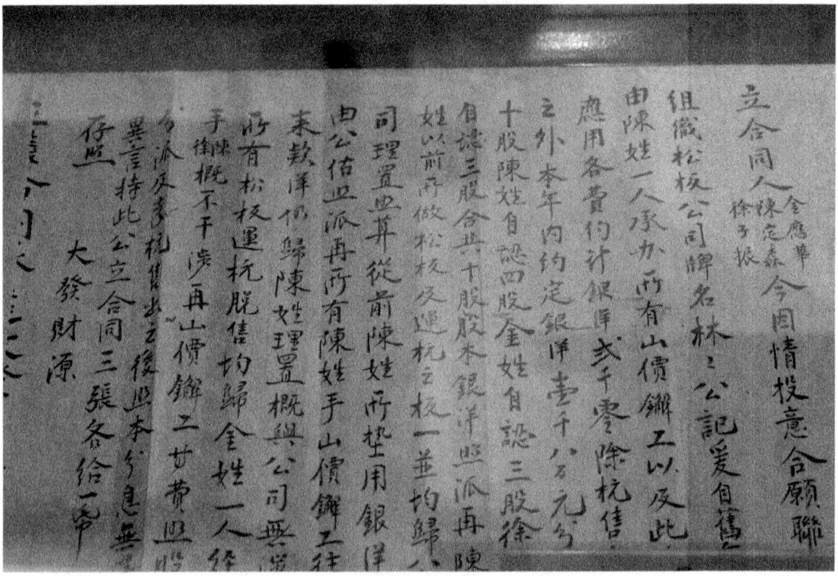
立合同人金應華 陳定森 徐子根今因情投意合願聯
組織松板公司牌名林之公記爰自舊
由陳姓一人承办所有山價鏟工以及此
應用各費約計銀洋弍千零除杭售
之外本年内约定銀洋壹千八百元分
十股陳姓自認四股金姓自認三股徐
自認三股合共十股股本銀洋照派再陳
姓以前所做松板及運杭之板一並均歸
同理置照算從前陳姓所墊用銀洋
由公估照派再所有陳姓手山價鏟工往
來數洋仍歸陳姓理置概與公司無
所有松板運杭脫售均歸金姓一人
手陳徐概不干涉再山價鏟工廿費照
分派及賣杭售出之後照本分息無
異言特此公立合同三張各給一帋
存照　大發財源

大运河衰落的原因存在自身的局限性。运河在开凿选址的时候，为了节省人力、物力，使用了原有的河流和湖泊作为整条运河的主体，一部分则是人工挖凿，这造成了运河中的河段流向不一致，形成了各段河流之间的高低落差。从地理位置上看，济宁北部的部分为最高点，这一段运河主要依靠人工引汶河的水到此处分流至黄河进入南运河中。而临清和徐州之间的水流落差是最大的，这里的河段由于水源不足，造成了通航的困难，元明两朝在此处增设了38个水闸用于拦水保流，保证通航。直至清朝中期，大运河由北至南呈由高到低的落差式地势，譬如北京和通州的落差就达到30米，使得通惠河的规划上成了每隔十里设置一个闸口，仅仅在70里的河道间就有7处船闸，由于落差的原因，只能依靠一级一级的船闸来调节水量保持航路的流通。同时，由于运河的水源主要是以沿路的天然湖水和泉水为主，运河沿路经过的地区水源极其匮乏，明朝时采取了引水的方法，但是这个方法不仅没有成效反而影响了沿岸农田的灌溉用水，依然不能解决水源不足的问题，直至清朝末期也未能得到很好的解决，使得漕运不通畅，大多以陆运为主。此外，明清两朝在对运河的管理设置方面也不利于对黄河、淮河、运河的统一治理。自雍正七年（1729）开始，河官施行分段节制，江苏境内的黄河治理由江南总督负责，河南、山东的黄河又由其河道总督管理。本身这种制度的产生是为了强化运河的管理，但是实质上削弱了对黄河的统一治理，使得整条运河缺乏整体的规划，再加上各段运河的总督官员更换频繁，对于运河的管理便缺乏长远的打算，随着漕运的衰弱，京杭大运河也逐渐被黄河淹没。

河政的腐败也是大运河衰落的原因之一。由于运河是人工开浚，需要人工的不断修缮和治理维护才能保证运河的功能性，但是运河的通堵往往和朝政的兴衰息息相关。朝政清明之时，运河就可以保漕通运；而朝政衰落之时，运河也随着不治便逐渐地荒废。这段时期中，尤以道光之后，帝国主义以武力侵犯中国，封建制度也逐渐瓦解，中国逐渐沦为半殖民地半封建社会，在内忧外患的情况下，河政愈加腐败，官员贪污成风，运河的防护日渐松弛，导致了河防和水运趋近衰落。咸丰五年（1855），黄河发生大灾，使得河南境内的水位猛涨，黄河溃决，致使大运河内的运道破碎不堪，通水漕运成为困难。而鸦片战争之后，随着西方轮船的出现和铁路的兴建，清政府逐渐放弃了漕运这种方式，改为了海运和陆运。从此之后京杭大运河作为南北交通线的功能性大大降低。

到了1902年，清政府宣布废止漕运制度，大运河作为“南粮北运”交通线的使命也随之终结。随着漕运制度的废除，运河河道在整治和管理上也就更加松弛，运河也因为河道堵塞得不到治理而迅速衰败。京杭大运河的兴衰与中国历史的演进和社会经济的发展息息相关。它的凿通，曾促进了南北经济文化的交流沟通，带动了中国中东部地区的经济发展；而中国社会整体上的经济起伏兴落反过来也直接影响了大运河的兴废，可以说，京杭大运河的命运曲线与近代以前中国国运兴衰的曲线是高度一致的。

十、十里湖墅话今昔

湖墅坐落于杭州城北郭武林门外，因其三面皆湖，故取名“湖墅”，寓意是“湖中的村落”。旧时的湖墅位于运河交通要道，货物集散转运皆经过此处，因此商贸、旅游十分繁荣。湖墅沿途集市密布、寺庙林立，素有“十里银湖墅”的美誉。

京杭大运河杭州段纵贯湖墅境内，因此当地人烟繁盛、商贾云集，更有许多文人墨客在此吟咏兴叹，“湖墅八景”即由此形成。八景分别为：“夹城夜月”“陡门春涨”“半道春红”“西山晚翠”“花圃啼莺”“皋亭积雪”“江桥暮雨”“白荡烟村”。从八景的名目就可以看出，春夏秋冬，四季更迭，都是给湖墅带来的自然馈赠。领略湖墅四季的变化，如同打开了镶嵌在古运河两岸的珍珠宝盒，种种品格与情调，美不胜收。

春。八景中的春景有“陡门春涨”、“半道春红”和“花圃啼莺”。“陡门春涨”位于西湖岸边的圣塘闸附近，陡门即人工拦水闸门。等到西湖水满溢，陡门开闸放水，高出古新河水位五六米的西湖水一泻而出，霎时景象壮观、气势非凡。与陡门的壮观气势美不同，“半道春红”和“花圃啼莺”更偏向于江南本土的柔美与婉约。桃花的娇艳欲滴，大地升起绿色的屏障，桃红柳绿相互映衬，妩媚却不失清雅。东西马塍集中了旧时杭城的花卉，每当各色鲜花盛开之时，引来无数黄莺鸣于其中，因此吸引了不少赏花之人驻足观看。

夏。或许是夏季炎热，文人墨客兴致颇淡，八景的名目中没有一个明确为夏季观赏的景色。“西山晚翠”和“江桥暮雨”，放在夏季似乎最为合适。夕阳西下，站在桥上远望，只见西山巍峨沉郁，空中氤氲着丝丝热气，山谷在朦胧间呈现翡翠般的绿色，恰如一幅画卷。画面转到江涨桥，其景地横跨京杭大运河。暮色到来之时，江上渔火星星点点，渐渐开始下起淅淅沥沥的小雨。雨丝在灯光的照映下若隐若现，时不时还传来琵琶女的低吟浅唱，“江桥暮雨”便由此而来。

秋。提起秋天，脑海中浮现的必然是枫叶的绚烂多彩和果实的金黄璀璨，但湖墅不同，湖墅的秋天更加淡雅空灵。先说八景之首“夹城夜月”，“夹城”即夹城巷，顾名思义，此处地势险要，是扼守运河的关卡。相传中秋之夜在夹城巷东西的德胜桥头观月，就可以看见月亮从桥上冉冉上升，恰巧落在桥上的亭阁之后，犹如月亮在桥上行走，轻盈如梦，冰清玉洁。与首景对应，另一处秋景是八景的最后一景——“白荡烟村”。秋季，芦花盛开，水荡白茫茫一片，村落在傍晚时候生火做饭，烟雾缭绕，“白荡烟村”因此得名。这一景将乡村景色与运河文脉相结合，构成了淳朴动人的美丽景象。

冬。白雪是冬日的象征。天目山蜿蜒向东，连绵十余里，皋亭山是其中最高的一座，文化积淀极其丰厚。杭州的大雪一般是在冬末春初的时候，彼时皋亭山冬雪纷飞，银装素裹，构成了一幅纯粹而干净的画面。虽不同于断桥残雪的冷艳浪漫，皋亭山的雪景也自当别有一番风味，“皋亭积雪”正由此闻名。

春夏秋冬的更迭，时光轮回的辗转，花开花谢的默默无语，风花雪月的淡然自得，都深深雕刻在湖墅人的心间。湖墅与八景，共存共生，历久弥新。

第二章　江南运河的古镇老街

一、跨河相看塘栖镇

塘栖古镇作为京杭大运河的杭州起点，自然有着悠久的历史。在旧时，塘栖被称作唐栖，而在文人雅士所留下的书画题咏诗词唱和之中，还有栖水、栖溪、溪西、武店、武水等别称。北宋以前，塘栖还只是一个小小的渔村，直到元朝张士诚拓宽了官塘运河以后，人们沿塘而栖，小镇才初现雏形。到了明朝弘治年间（1488—1505），广济桥的构筑使镇区两岸连成一片，这才逐渐形成了一个具有一定规模的集镇。光绪《唐栖志》中这样写道："迨元以后，河开矣，桥筑矣，市聚矣。"又云："唐栖官道所由，风帆梭织，其自杭而往者，至此少休；自嘉秀而来者，亦至此而泊宿，水陆辐辏，商家鳞集，临河两岸，市肆萃焉。"由此可见，是秀丽的京杭古运河哺育了塘栖。

塘栖人杰地灵，文人墨客多会于此。卓人月（1606—1636），字珂月，号蕊渊。塘栖人。崇祯八年（1635）贡生。复社成员。富才情，工诗文，著述甚丰。早年撰《千字大人颂》，被誉为稳帖奇肆。与孟称舜、袁于令、徐士俊等人交善。著有《蟾台集》四卷、《蕊渊集》十二卷和杂剧《花舫缘》。又与徐士俊合编《古今词统》。宋大樽（1746—1804），字左彝，号茗香。塘栖人。乾隆三十九年（1774）举人。官国子监助教，归老唯以书籍为友，读书、聚书、著书为事，藏书于“牧牛村舍”中，精本甚多。晚年游东南名胜，工于诗文，诗学李白，晚追汉魏之风，善治古琴。著有《茗香诗论》《学古集》《牧牛村舍外集》。

丰子恺先生似乎也对塘栖情有独钟，他在《塘栖》一文中认为“江南佳丽地，塘栖水乡是代表之一”。丰先生的老家在运河边的石门湾。虽然坐汽船、坐车到杭州，只要两个多小时，但他总是不惜花上两三天的时间，特意选择摇橹的木船前去，而且进杭州前总要在塘栖过一夜。

苏轼在《木兰花令·次马中玉韵》中写道：“明朝归路下塘西，不见莺啼花落处。”明朝卓明卿有诗曰：“碧树围平野，溪风引暮凉。越歌征白雪，吴唱起沧浪。偶聚星临座，闲眠月到床。不知修竹外，飞露温琴张。”他笔下的塘栖山水典雅而明丽。清康熙年间，有文人这样写道：“夫唐西……观其山川之秀丽，人物之委蛇，而舟航络绎，商贾骈填，钱布潮至，丝粟山积；其地多原田，宜谷宜蚕；多沼泽，可鱼可芡；实东南之一巨区，而省会之一门户也。设其一丝不育，即有机杼其空之叹；一谷不登，能无凶荒饥馑之忧，是又不特能卜三吴之盛衰，亦可以辨江南之隆替矣。”

此外，当地的特色名菜之一“粢毛肉圆”也有着一段故事。传说清朝乾隆皇帝有一次下江南，厨师们在备菜时意外地把肉圆子不小心掉到了旁边准备裹粽子使用的淘好的湿糯米里面，顿时一颗颗糯米粘在了肉圆子上面，怎么也弄不掉，最后厨师们便小心翼翼地把那些做好了的肉圆子一个个全都再扔进糯米里粘了一遍，让肉圆子全部都均匀地粘上了糯米，并一个个整齐排列在蒸笼上，撒上了一把葱再上锅去蒸。这意外而成的美味让乾隆皇帝赞不绝口，也成就了塘栖菜的美名。如果有机会，我一定要亲口尝一尝，细细品味这一道美食，品味古镇千年来的历史沉淀，品味那悠长的历史与文化的味道。

二、有一条小河直街

站在拱宸桥上眺望，船只在水面上留下一串令人心醉的波纹，运河的水浸湿了我们关于它的种种记忆。

2014年6月22日，京杭大运河申遗成功，大运河项目入选世界文化遗产名录，成为中国第46个世界遗产项目。挖掘、呈现京杭大运河的民俗文化遗产，并由此揭示中国传统文化的价值势在必行。京杭大运河不仅联结中国南北，也联结了中国与世界，成为世界观察中国物质文明和地域文化的窗口。京杭大运河民俗记录也成为富有学术价值的文化史料。

大运河杭州段北起塘栖，南迄三堡，全长39千米，是京杭大运河南端的终点，浙东运河的起点。在漫长的历史时期，运河对杭州的发展产生了重大的影响。杭州，依河而建，由河而生，杭州的兴起、发展直至繁荣都与运河有着密切的关系，大运河是哺育杭州成长的“母亲河”。自隋朝开通南北大运河以来，杭州凭借京杭大运河南端的绝佳地理交通优势，在南北经济文化交往中快速发展，在相当长的一段历史时期内，一直是江南地区的中心城市之一。

在记忆中，过去的运河存在于父亲所讲述的故事里。他经常对我说，在他幼年时时常会在运河里抓鱼抓蟹，看各色各样的鱼游来游去，有彩色的，有会鼓成气球一样的鱼等等，非常有趣。我们那时候生活在运河附近的一个弄堂里，小小的我觉得那边已是一片大天地，最爱去的地方也只不过是家旁边的一个公园，喜欢饭后去那边捡五颜六色、奇形怪状的树叶。那时候的运河有着更浓厚的生活气息。

随着京杭大运河的申遗成功，政府开始加大对运河周边的投入力度，商业化的模式也开始运作。运河沿线出现了很多有特色的商店，树上和房子上挂满了彩灯，节假日的小河直街有了集市，会有商人来售卖琳琅满目、各种各样我从未见过的新奇玩意儿和精致美味的点心。

运河虽然加入了商业化的元素，但也保留了很多传统。例如小河直街上开了许多茶馆，弘扬中华茶文化。父亲也常说，如果要选一条路到市中心，他一定会选经过小河直街的那条路，那里才有老底子杭州的味道。母亲也经常在饭后到小河直街散步，与父亲一起探寻民间美食，抑或欣赏一下河边老人曼妙的舞姿。

杭州日新月异的发展，偶尔还是会令人疲惫。但在运河，在小河直街，你仍然会享受到片刻的宁静与安逸，不自觉地放慢了脚步。随意走进一家小酒馆，点一扎桂花味的冰啤酒，静静地享受属于杭州的独特韵味。

三、运河穿过石门镇

石门镇在今浙江桐乡境内。江南运河出嘉兴市区，进入桐乡境内辗转到达石门，转了一个扇形的大弯。石门湾处于钱塘江流域通衢之处，又临江南大运河，可南及杭州，北通江河，因此交通繁忙，也就自然成了民间和官方的往来要道。石门湾作为大运河杭州段重要的军事要塞和经济重镇，在宋王朝南迁之后更是盛极一时。

石门最繁华的时代是南宋时期，南宋初高宗的车驾常往返于石门，绍兴年间（1131—1162）将石门驿改为行幄殿，也就是作为皇家行宫，用作巡访的驻扎地。

石门最繁华的地段是寺弄。这个沿用至今的名称，最初来自一位宋朝宗室成员，据说这位晋封王爵的皇室成员，眼睁睁看着大宋王朝只剩下江南半壁河山，伤心透顶而又无可奈何，最后绝望遁入空门，在石门以北七里处出家为僧，法名慧梵。他出家的地方就在普慈寺。

普慈寺原本是一所唐代的寺院。因有宋朝王爷在此出家，当时凡上任或卸任的往来官员，不论品位，都须文官落轿，武将下马，弃舟步行前往普慈寺朝见已出家的王爷。但慧梵已经入了空门，皈依佛法，当然讨厌这种官场应酬。为了保持佛门清静，也为免去朝见官员步行七里之劳，慧梵和尚命人在石门湾建了座寺院，内建头三门、哼哈二门、戏台、大佛殿，并设置了客房、会客厅，传命往来官员只要将自己的名帖投于这寺院中即可离去，不必再到普慈寺朝见。这座寺院成了慧梵和尚设在石门湾专为接待官员的机构，故名接待寺，并且成为当时很有名望的一座寺院。

接待寺位于石门湾北岸市中心，山门紧靠运河，进出门是一条甬道，两边是广场。慧梵和尚圆寂后，寺院接待往来官员的职能也逐渐消失。明清时又改建为关帝庙，但人们仍习称其为接待寺（寺中戏台甚为著名，每当庙会节日，常有名优登台，远近数十里乡民都赶来烧香看戏）。寺前甬道两侧后来开了很多商店，变成一条开阔的大街，成为石门湾最热闹的商贾云集之区。石门人把一切街道都称作弄，故接待寺前的这条大街就被称作寺弄了。只听名字的外地客人还以为寺弄只是一条小巷呢。由于战乱频仍，寺庙和戏台早已被毁弃无遗，但接待寺和寺弄一直作为地名被沿用至今。

四、摇曳生辉的乌镇

离开故乡多年的阿水，记忆里流淌的永远是故乡乌镇的水。“水呀，是乌镇的魂。”阿水总是听外公这样说。她生在乌镇，长在乌镇，可祖父总说她是个地道的青镇人。事情要从乌镇漫漫千年来的故事说起。

乌镇是一个有着7 000多年文明史和1 300年建镇史的江南古镇，它枕水而生，如一颗明珠在太湖温柔的摇篮里熠熠生辉。可多年以前，乌镇还不叫乌镇。秦时，乌镇属会稽郡，以车溪（今市河）为界，西为乌墩，属乌程县，东为青墩，属由拳县，两地分而治之。直到1912年，也就是阿水外公出生那年，青墩和乌墩还是两个地方。

1943年1月，乌墩的俏姑娘嫁给了青墩的俊小伙，阿水的父亲带着母亲，慢慢走过了那逢源双桥。阿水还记得小的时候她最喜欢的就是从逢源双桥来回跑一趟。逢源双桥由两座连体桥构成，传说在双桥上行走有男左女右的习俗，走一遍桥，须分走左右两半，因此又演绎出走此桥便可左右逢源之说。母亲说，在那桥上右边跑一趟，是“健康平安”的意思，左边跑一趟，有“升官发财”的好兆头。阿水还能记得，她从桥上跑过时吹在面颊上带着丝丝凉意的风，河畔的垂柳身姿轻舞，好似在那青白相间、枕水而生的屋宇上写下几首属于这小镇的歌谣。记忆在阿水的眼睛里摇曳着，她望着桥上的廊棚，好似闻到了外祖家的三白酒香。

阿水记得，从青墩跑到乌墩，远远就会嗅到一股掺着米香的酒气，那是乌镇特有的“三白酒”。何谓三白酒?《乌青镇志》上说：“以白米、白面、白水成之，故有是名。”外公总喜欢用筷子点一下这酒，给阿水轻尝一口，舌尖一股浓烈的辣意，却惹得阿水总是惦记着这一滴“三白”。在阿水的记忆里，外祖家不仅有着浓烈的酒香，也有那无处不在的蓝白色。外婆总是穿着那蓝底白花的围裙，忙碌在厨房里。桌子上、茶杯下甚至是外婆那把伞，都能寻见蓝印花布的身影。蓝印花布又叫“石灰拷花布”“拷花蓝布”，用棉线纺织、黄豆粉刮浆、蓝草汁印花，是我国传统的工艺印染品，镂空版白浆防染印花，距今已有1 300年历史。阿水直到现在还有几件用蓝印花布裁成的衣服，素雅又环保。

来到外公家的时候，外公总是坐在院子里的小竹桌前，泡上一碗熏豆茶。它以熏豆为主料，加上胡萝卜干、橘皮、桂花、芝麻和绿茶叶之类一齐冲泡而成。外公还喜欢加入些笋尖，那笋的味道，伴着茶香在以后的多年依然萦绕在阿水的鼻尖。她也不会忘记，自己总是会抓一把外公茶罐里的熏豆，一边走，一边蹦蹦跳跳地从那逢源廊桥上回家去。回家的路上有一家“姑嫂饼店”。姑嫂饼是家乡很有名的点心，它比棋子略大，油而不腻，酥而不散，既香又糯，甜中带咸。阿水小时候总以为这饼是姑嫂商量着做出来的，其实恰恰相反，它是因店主“只传儿子儿媳，不传女儿”的做法引得小姑子和阿嫂在斗气中偶然创制来的。

拎着一包姑嫂饼，就算是回家晚了，哥哥姐姐见了阿水也会笑盈盈的。祖父很宠爱阿水，阿水房间里的木雕竹刻全为祖父一手制成。在乌镇，阿水的祖父是有名的雕刻匠人，江南的竹多，而乌镇的竹却在这一代又一代人的手中化作了无尽的记忆。

阿水总是会听到父亲提起1950年，父亲说那年5月份的时候，青镇就不叫青镇了，改叫乌镇了，以后我们就是乌镇人，是桐乡人了。那一年，青镇和乌镇并称为乌镇。

重回故里，阿水这一次是来参加“乌镇戏剧节”的。乌镇戏剧节有一个特别之处——演出场所的多元性。在走路可到的范围内，有七个大小不同、功能不一的室内剧场和一个大型户外剧场，是全国乃至世界戏剧节中罕见的表演空间。演出空间的别具一格与我国专业戏剧人中的年轻力量，碰撞出从乌镇升起的熠熠光彩。阿水相信，在乌镇婉转动听的故事里，朵朵文化自信的花正在绚烂绽放。

五、运河古镇看长安

江南运河的一个重要闸口长安闸，就在浙江海宁市的长安镇，它的历史要从隋朝以前说起。浙江历来是中国富饶的地方，素称“丝绸之府”“鱼米之乡”，无论是食物还是衣装生产都冠甲一时。隋炀帝时候，为了从两浙地区调运丝绸、盐和粮食等重要物品，进一步修建江南运河。河作为运输的水道，尤其是人工修建的运河，还需要“坝”的配合来完成运输工作。

唐贞观八年(634)，为了提高河道水位，在隋朝运河的基础上，在今长安镇运河上建造了义亭埭。“义亭”应当是古时候长安的一个名字。而“义亭埭”就是长安坝的前身。长安坝俗称“拔船坝”，顾名思义，当时来往船只到这里，都要用牛拖船过坝。但这个老坝根本满足不了运输的需要，一切的货资，特别是粮食和海煮盐都卡在了义亭埭上。而到了盛唐，京都的皇室、贵族比唐初增加两倍以上，义亭埭作为唯一一个通达北方的途径，更加不能满足食物、货物等物资的传送需要。这样的后果就是，粮食和各种物资被阻拦下来，运不到京都长安，长安人就会没饭吃、无衣穿。随着唐朝长安的繁华，长安要求更多物资，因此“长安闸”应运而生。

长安闸刚刚建成，就成了江南大运河交通和军事上的枢纽，极大地缓解了原有河道的输送压力。宋熙宁元年(1068)时，长安复式船闸还处于初创阶段，此时长安堰被改建成长安三闸，形成复式船闸。这个复式船闸的主要功能，就是把船队从水位较低的河段送到水位较高的河段，工作原理就像跨台阶。到崇宁二年(1103)长安闸旁“易闸旁民田，以浚两澳”，“三闸两澳”的形制基本形成。绍兴八年(1138)完善了将累木易以石埭的两次较大工程。此后，船闸与拔船坝并存，大船或载货船经船闸出入，小船或空船则过坝上下塘河，“三闸两澳”的长安闸形制完全形成。

知名的历史古迹往往都是通过名人的足迹以及他们所留下的笔墨，才为人所知并代代相传的。如今旅客在选择旅游景点的时候，也不只是欣赏美景，更多的是想了解当时的历史事件，走走当时那些名人走过的路，体会他们的心情。长安镇也不例外。历史上曾经有很多名人在长安镇生活过，如褚遂良、太虚大师、杭辛斋、陈沂、沈毓荪、沈山、沈仲约、冯朱棣、周济、汪菊影、许姬传、陈吾三、沈祖尧等都曾在此处留下足迹，然而描述长安闸的作品却不太多。倒是有一位来自日本的僧人成寻，在《参天台五台山记》中，记录了他参访五台山，从杭州出发沿江南运河北上，次年又自北方返回杭州，先后两次取道长安，过长安闸、坝时的情景，其中对三闸的航运技术也有所记载。

宋代是长安闸鼎盛的时期，很多文人墨客毫不吝惜他们的笔墨。因此，很多关于长安闸的诗歌开始涌现。我们通过这些文人的作品，可以想象当时长安闸有多么繁华。宋代著名诗人陆游、范成大、杨万里等北上皆经此地，都留有作品。南宋诗人范成大，善写反映农村社会生活内容的作品。绍兴十四年（1144）范成大赴临安参加考试时，亲历了长安闸的繁忙景象，感慨地写下了《长安闸》一诗："斗门贮净练，悬板淙惊雷。黄沙古岸转，白屋飞檐开。是间袤丈许，舳舻蔽川来。千里拥孤隧，万马盘一坯。篙尾乱若雨，樯竿束如堆。摧摧势排轧，汹汹声喧豗。逼仄复逼仄，谁肯少徘徊！传呼津吏至，弊盖凌高埃。嗫嚅议讥征，叫怒不可裁。吾观舟中子，一一皆可哀。大为声利驱，小者饥寒催。古今共来往，所得随飞灰，我乃畸于人，胡为乎来哉？"由于当时浙西只有这一个船闸可通北方，南来北往的船只都要在此过闸，因而形成了千帆相拥、樯橹相连的盛况。

长安闸与其周围的风景融为一体，无论是在古代还是在今天，都是老百姓看风景的好去处。长安闸不仅仅有了经济、军事方面的意义，而且更多地深入到了老百姓的日常生活之中。

六、西兴渡口有古镇

一山一水忆江南，一砖一瓦一古镇。江南最不缺的便是粉墙黛瓦，古色古香的小镇。说起世界文化遗产京杭大运河就不得不提起一个古镇，它是浙东运河古老的开端，是浙东唐诗之路的起点，是苏轼笔下"江上秋风晚来急，为传钟鼓到西兴"中的西兴。西兴不仅是浙东运河与钱塘江的交汇处，也是旧时往来出行的著名水泊码头，古往今来的文人墨客，在西兴渡口留下了无数脍炙人口的名篇佳句。

西兴古镇，位于钱塘江南岸，历史上曾是两浙门户，交通发达，地势险要，自古为"浙东首地，宁、绍、台之襟喉"。"西兴"之名的历史还得追溯至春秋后期。吴越二国交战之时，越国为了防御吴国而筑城名之"固陵"，后又因地处会稽郡便改名为"西陵"，直到五代后梁，才更名为"西兴"，并且沿用至今。明清时期，西兴属绍兴府萧山县管辖，一直沿用至民国。1949年后，萧山县划归杭州市，西兴属杭州。1996年划萧山沿浦、长河、西兴三镇于杭州市西湖区，后又单独置滨江区，直到现在西兴仍然是滨江区的区域代表之一，地理位置优越，基础设施完善，并且对城北和城南的交通起着贯通联结的作用。

西兴古镇的兴盛与衰落都与京杭大运河的命运休戚相关，已然成为大运河的历史见证者和运河文化的传承者。春秋时期开凿运河是为军事行动服务的，而在春秋时期固陵本是军事要塞。随着京杭大运河的修建重心逐渐往南方迁移后，西兴也慢慢由军事要塞转为一个中转码头，驿站也改为水驿为主。西兴北面连接杭州，南面通往宁、绍、台等地区，优越的地理位置使它成为南北水上贸易来往的重要中转码头。万商云集，络绎不绝，也因此促进了西兴特殊行业的产生——过塘行。“塘”并非现在的小池塘，而是指为便于船舶停靠卸物而修筑的堤岸。过塘行是专门为过往的商客转运货物，相当于如今的物流行业。过往商客，货物都经过此地中转，禽蛋、茶叶、烟叶、肉类等过塘行遍地都有。那时的西兴很是繁华热闹，水面上都是来往各地的船只，一艘接着一艘起航靠埠，上客卸货，江面上吆喝声此起彼伏，灯火通明，昼夜不歇。这也极大地促进了西兴的经济发展，迎来了西兴商业的全盛时期。

作为沟通南北的水上重要交通枢纽，西兴渡口见证了古镇千百年来的起起落落，见证了它因京杭大运河而一时繁华，也见证了因浙东运河退出历史舞台而逐渐衰落。然而，与其说它衰落，不如用回归来形容，回归了它原本的质朴宁静，它承载着深沉的运河文化，漫流古今，源远流长。

如今，西兴古镇隐藏在闹市之中，保留着最真实的历史原貌，带着浓重的生活质感。临街都是一户户人家，白墙青瓦一间紧挨着一间，朱红色的房梁终是在历史的洗刷中褪了色。阳光洒在青石板上，河边三两只猫狗慵懒地趴着，河流中偶尔摇过小船，带着那咿呀咿呀的木浆声，仿佛在述说着昔日的故事。尽管西兴古镇不如全盛时期那般热闹繁华，但那一砖一瓦、每个角落，不仅有着深厚的历史文化底蕴，还有着现代生活的气息。千年古镇，在时光的流淌中保留着一份安逸舒适、真实自然的古朴。

七、凌波秀溪菱湖镇

“从从菱叶随波起，朵朵菱花背日开。”唱一曲菱歌，撑一只竹篙，踏一叶菱船，划开秋天绿油油的湖面，采起黑紫色的菱角，这里便是江南水乡湖州市的秀溪菱湖镇。大运河穿镇而过，形成了直达杭、嘉、湖、沪等码头的发达水路，这里“以菱而名，以丝为丰，以渔而盛”，从战国时期发展至今，6万亩桑地与11万亩鱼荡形成了蔚为壮观的传统生态农业系统。小镇傍河而建，依水成市，粉墙黛瓦，小桥弯河，茶楼酒肆，杰人辈出，构成了典型的江南水镇与文化之乡。

菱湖镇是中国著名三大淡水鱼基地之一，也被誉为“淡水渔都”，发达的水系给蜘蛛网般密布的湖荡带来鲜活的生命力。早在战国时期，这一带就开始有了人工养殖鱼，唐朝以来又有“水市”，一直繁盛至今。菱湖除了养鱼还栽种桑树、养蚕缫丝，旧时号称“菱芡之饶，蟹稻之利，甲于湖郡，而尤蚕桑为大”。桑树的种植是“有地即载，无一旷土”，织业之盛至于“茧泊山立，缫车之声，连甍相闻”，其丝织品质量上乘，在唐朝即被列为贡品，明清时期其丝绢更为湖郡之最。

菱湖之菱，不仅是一种养殖食物，也成就了当地的民俗文化。清人诗中便有“采菱复采菱，隔舟闻笑歌”。九月是采菱盛季，采菱人坐一方菱桶，沐着秋风，歌声、笑声陪伴着双手，欢快又麻利地穿梭于碧玉般的菱湖之中。这里的菱角，口感甜糯，当地人采下菱角将其焙干，可以保存两月之久，历史上是歉收之年不可多得的主要粮食。其可为饭粥，可为糕果，且风味极佳。说起吃食，这里比较出名的特产还有菱湖雪饺，是传统的茶食珍品，“白如雪，形如饺”，面饼为底，撒以粉白如雪的籼米粉，口感酥松易化不粘牙，且只有菱湖此地才有此物。其他吃食如老字号“震远同”的“茶食三珍”（即玫瑰酥糖、椒盐桃片和牛皮糖）、白扁豆、熏豆茶都是当地有名的传统特产。

“八月澄波分外寒，女郎踏月上安澜。晶宫不受姮娥妒，水色开光总一般。”诗中女郎脚下的正是菱湖三洞环形石桥——安澜桥。话说桥未建之前，两岸交通只能靠船渡，奈何风急浪涌，难以保证人员的安全，于是便兴建安澜桥，以“安澜”为名，愿定湖中风波，渡两岸之人。安澜桥畔，亦有许多可歌可泣的事迹：太平军与清军在此交战；抗战时期，抗日将士在此痛击日寇。新中国成立后，此地亦是经济建设发展的重要通道。斗转星移，安澜桥屹立不动，见证了历史的变迁、时代的发展、小镇的兴荣。

“山不在高，有仙则名；水不在深，有龙则灵。”秀溪菱湖钟灵毓秀，人文蔚起。《菱湖镇志》记载，西北第宅，乃元赵孟頫居。清时此地设“龙湖书院”，“其规模之大，虽外府书院所不及”。省府之吏，月月听课于此。当、现代诗画文学家“竹墩三沈”（沈尹默、沈兼士、沈迈士）将灵动的秀溪跃于纸上，藏于字里行间。爱国实业家章荣初，改良发展农村桑蚕业，创办丝织厂，兴办地方文化教育和医疗卫生事业等，菱湖由此在1949年前成为湖州的经济大镇。抗日外交官杨光泩的烈士碑展示着江南水乡菱湖柔美外表下的那刚毅不屈的心。

远眺菱湖小镇，这里布局紧凑，白墙黛瓦，横竖成列，木窗雕画，红灯斜檐；行走在小镇的巷子里，既能感受到江南水镇的静谧，也能感受到中国渔都和纺织缫丝的特色。小镇“羌管弄晴，菱歌泛夜，嘻嘻钓叟莲娃”“夜市卖菱藕，春船载绮罗”，与其他江南小镇相比，菱湖镇实在鲜活与生活化了不少。许是时代的久远，家家户户墙上的墙粉脱落，裸露出古红色的砖体。这样的残缺，告诉我们这里经历了多少个春秋，砖墙之下又承载和沉淀了多少人文历史待我们去深究和品味。

八、新市依然是古镇

享有“千年古运河，百年小上海”美誉的新市镇，坐落于浙江省德清县的东部。新市是随大运河而发展和成形的古镇，京杭大运河穿境而过，2.5千米长的市河贯绕全镇，是当时运河上重要的商品集散地，现存古建筑风格、样式受运河文化影响深远。

千百年来新市居民临河建屋，枕河而居，在这里，水、桥、埠等巧妙地融为一体，形成典型的江南小镇风貌。若说这座精致玲珑的小镇最牵惹人心之处，那便是水势之“活”了：河道蜿蜒灵动，曲折萦回，咫尺之间便宽窄变换，回旋环绕，好似青翠的丝带轻盈飘舞，又如碧绿的灵蛇游走不歇。风格独特的走马楼、工艺精湛的砖雕门楼、飞檐翘角的屋脊，这里的古宅处处充满着浓郁的水乡韵味。沧海桑田，历史变迁，保存至今的古宅仍有十余座。座座形态各异的石桥横陈于碧波上，几乎每一座桥都有着一段故事，有敦实厚重的太平桥，有轻盈小巧的望仙桥，还有传说八仙曾在此相会过的会仙桥……这里流水淙淙、民房错落、桥宅相连，恰若一幅天然的市井图。

相传春秋战国时期，西施途经新市，给这里养蚕的姑娘和嫂子送鲜花，祝愿风调雨顺、蚕茧丰收。后来每年清明时节，人们自发相聚举办蚕花庙会，以追忆西施。古时候蚕茧产量不高，而桑蚕又是农家的主要收入，故农人们将大部分精力花在桑蚕生产上，同时祈祷蚕茧丰收。唐宪宗元和十年（815），大唐兴善寺（北宋改名觉海寺）创建后，新市蚕花庙会即在此举办，当时为民间自发，时间在每年清明。方圆数十里的四乡农人蜂拥到觉海寺、司前街、胭脂弄、寺前弄、西庙前、北街一带，人山人海，你拥我轧，故曰“轧蚕花”。在迎圣桥、市河两边摆满民间艺人自制的蚕花出售，故又名“蚕花庙会”。至明清、民国时期，新市蚕花庙会年年举办，民国《德清县志》亦有记载。因庙会时期人数过多，游人分流至附近的刘王庙、东岳庙、永灵西庙等地。庙会期间，由德清县各乡镇评选的“蚕花娘娘”，在新市镇上大巡游，沿途向人们抛洒蚕花。届时新市镇上人山人海，万人空巷，争相目睹“蚕花娘娘”的风采。同时带有地方特色的铜管队、腰鼓队、武术队、唢呐队、舞龙队等纷纷闪亮登场，到千年古刹觉海寺举办祭祀活动，以求风调雨顺，得到蚕花廿四分。晚上还有蚕花庙会灯会，当夜幕降临时，各种造型别致的景灯、花灯组成蚕文化灯展，交相辉映，栩栩如生。有首新市地方民歌《轧蚕花》，写的就是这一情景。歌词中有句子虽颇显轻佻，但也如实反映了旧时蚕花庙会的繁华热闹的盛况。

清明天气暖洋洋，桃红柳绿好风光。
姑嫂双双上街去，胭脂花粉俏梳妆。
红绿蚕花头上插，香水洒得扑鼻香。
觉海寺里真闹猛，男女老少似海洋。
邻村阿哥早等待，一见阿妹挤身旁。
一把大腿偷偷捏，姑娘脸红薄嗔郎。

“古老之胜，水乡之美”，纵横的溪塘穿街傍市，溪上众桥飞跨，塘畔绿树成荫，河中舟楫不绝，新市古镇自古便是繁华之地。生生不息的古运河水，沉淀了新市千年的历史底蕴。千帆过尽，千年流逝，繁华褪尽的新市，如今更像一个享受着午间小憩的老人，慵懒而舒适。

九、运河入浙王江泾

步入王江泾小镇的街巷，你会爱上这江南越秀甲天下的地方。作为一个千年运河古镇，王江泾地处江浙两省的交界，位于上海、杭州、太湖三个经济圈的交汇点。

王江泾原名闻川，起初坐落在运河之东，后徙于运河之西。唐五代时，有闻人氏居此。宋代“簪缨弗绝，而闻川之名以著”。由于商贾往来方便，形成闻川市。后有“巨姓王氏、江氏建房贸易于此”，遂改名王江泾市。《闻川志稿》称：“宋始有闻川市，元称王江泾（市），皆以姓氏得名。”王江泾镇历史悠久，地处运河与古驿道上，是江浙两省交界的要地，明代即与新塍、陡门、濮院合称为秀水县四大镇，其后，数度兴废。鼎盛时有三街、十坊、五埭、二十六弄，店坊林立，街面繁华，且多园林、祠庙和工商会所。王江泾镇以丝绸纺织生产和贸易著称，明代即形成丝绸贸易集镇，当时的一里街丝绸店铺林立，又称为丝行街。太平天国时因兵乱被烧了七天七夜，镇上大部分建筑被毁，仅一里街部分建筑尚存，现在有关部门正投资改造“一里古街”。镇东的长虹桥为京杭大运河浙江第一桥，造型雄伟壮观，有长虹卧波之势，为历代文人所称颂。镇东的莲泗荡公园，背靠万顷良田，面朝千亩鱼荡，犹如一幅秀丽的江南油画。民主村莲泗荡的“网船会”是国内唯一的一处水上庙会，是秀洲区的地方文化资源。

作为进入浙江的第一站，得天独厚的地理位置，不仅使王江泾成为浙北商贸重镇，而且成为古往今来文人墨客经行的要道。现存描写王江泾古镇的诗词就有500余首，描写了王江泾的历史面貌，有着极高的艺术价值。百余年来，来自江苏、浙江、上海水乡的渔民、船民和当地百姓为祭祀元末除蝗救灾英雄刘承忠将军，通过庙会的方式，祈求风调雨顺、出入平安、农渔丰收，这种江南民间自发性的民俗祭祀活动一直延续至今，其规模、场面、人数在江南一带影响最大，同时也衍生出许多像打莲湘、挑花篮、扎肉提香、舞龙、舞狮、打腰鼓等原汁原味的民间文艺表演。江南网船会在 2010 年成功申报了国家级非物质文化遗产，成为王江泾的一个活招牌，也成为促进当地经济发展和招商引资的强大动力。

十、桐乡的崇福横街

桐乡，这座位于杭嘉湖平原上的文化古城自7 000年之前就有了人类活动、生活的痕迹，古老的良渚文化的印记深深地烙印在这座城市中。茅盾、丰子恺，诸多的文人大师从这座古城中走出，为小城渲染上了文化的气息。城市中的每条街都有自己独特的味道，在城市趋同化的今天，这样有味道的老街道实属罕见，它们不仅记录着这座城市的变迁，也记录着历史人生的悲欢离合。如今，许多古老的故事随着逝去的时光，已经逐渐飘散在历史的长河中，但是走在古老的街道上依然可以感受到一种历史的古朴。

在运河边的桐乡，有一条古老的街道叫崇福横街。所谓横街，顾名思义就是横跨崇福镇中心的街道。在路的尽头有一棵古老的皂荚树，相传是建造此街时栽下的，皂荚树仿若一位慈祥的老人，在向每一位来此的游人叙说这条街的故事。横街宽仅3米，从东到西，全长300米左右。早在明清时就是商业闹市，至今仍保存着比较完整的清代街市风貌。古旧的街道镶嵌在新城中显得狭窄而陈旧，但却并无违和感，极富韵味。穿过一条条窄长的小弄，走进一座座深宅大院，仿佛穿过时间隧道，步入旧时的岁月。斑驳的旧墙面，古老的黛砖青瓦，临街阁楼上被岁月雕刻下一道道古老印迹的木质围栏，这里的一切都在向过往的游人缓缓地诉说曾经发生过的故事，它声音轻柔，语速平缓，像极了这里的吴语小调。在不经意的转弯处也会突然发现别样的惊喜，古森威严的兽首雕塑因为这里恬静淡然的生活也变得多了几份可爱的味道。

下雨天的横街是最富有韵律的时候，细细的小雨轻轻地落在游人的肩头，平日里路边不为人所关注的石头也会因为细雨沁润变得富有灵气起来。如果有一位身着民国时期女学生服饰的佳人向你慢慢走来，简直就是戴望舒笔下那位结着愁怨的丁香姑娘，在恍惚之间仿佛时光错乱了一般，让人分不清楚自己到底身处何方，只有在同伴的呼唤中才能将飘逸的思绪拉回现实。但即使思绪被拉回现实，依然在品味刚刚那仿佛时光错乱的瞬间，这便是这条古街的魅力。

街上的建筑大多是明清至民国时期保留下来的，当年居住在这些深宅大院中的都是名重一时的达官显贵：这里有明代浙江布政使劳永嘉的旧宅；清初浙派诗人代表人物吴之振，在这里吟出“啸傲梅花里，今朝定有诗”的名句；乾隆辛丑科榜眼陈万青也曾在这里启蒙；清末著名画家吴滔也在这里挥毫泼墨，留下了《乡关四友图》等名作；秋瑾挚友南社诗人徐自华住过的老屋依然完好；还有我国著名桥梁专家、中科院院士程庆国的故居……许多古今名人都是从这条充满灵气的老街中走出的，成了桐乡人在外的名片。

崇福横街在本地人眼里，还是一种美味的代名词——鲜肉月饼，它承载了崇福人对中秋节的记忆。每年农历七月十五一过，横街的上空便会飘来阵阵的香味，那是属于崇福鲜肉月饼独有的香味，鲜肉的酱香味、芝麻果仁的油香味和白砂糖甜蜜的香味组合在一起，连尝也不用去尝，单是闻一闻便已经让人“口水直下三千尺”了。虽然老街的月饼没有精美的包装，也没有精致的造型，但它却用味道打动你的内心，如这条老街一般朴实无华。平日里落寞的老街也因这喷香美味的月饼而再次热闹起来。

第三章　钱塘城中的运河古桥

一、拱宸桥石阶沧桑

运河千百年，有岸，有人，有情，就会有桥。古往今来，人们在运河上建了无数座桥，也毁掉了无数座桥。一座桥就像是一段岁月在人间书写的篇章，酸甜苦辣皆是它身上的密密麻麻的疤痕。每一座桥都是它所属的那个时代留下来的证明，每一座桥也都有属于它自己的故事。

在京杭大运河终点的杭州拱墅区北部，有一座承载了300年故事的桥——拱宸桥。它全长98米，高16米，连接了东西两侧的丽水路、台州路、小河路和桥弄街，联通了一水之隔的乡音与乡情，这是杭州城里古桥中最高最长最阔的石拱桥。拱宸桥虽然东西横跨大运河之上，却不似北方的一些桥那样雄伟壮硕，有种令人震撼的厚重感。在柔情似水、温文尔雅的杭州，这座精致拱桥的气质完全贴合了南方的韵味。三孔薄墩联拱驼峰减轻了桥身的重量，让它看起来身姿轻盈，纤细修长，远远望去，宛如江南水乡的大家闺秀，两岸摇曳的柳树枝和酒家高高挂起的红灯笼是它的秀发和红簪。在灯红酒绿的尘世，它看尽了世间百态，食尽了人间烟火，却依旧有着遗世独立的姿态。300年间它只是静静地伫立在那儿，专心做一个史官，桥下过往的商船、黑夜里的闹市、不远处繁华的高楼都惊扰不了它的清梦。

都说一座拱宸桥，半部杭州史，拱宸桥之于杭州城的意义不言而喻。近观桥身，一道道“伤痕”让它看起来更像是一位阅尽沧桑的老者，垂垂暮年却精神矍铄，向世人娓娓诉述它多舛的命途。“为政以德，譬如北辰，居其所而众星共之”，意为实行德政的统治者犹如星天之枢的北辰，深受其恩惠的百姓则如同亿万星辰拥戴围绕着他，拱宸桥的名字由此而来。拱宸桥的原身是一座建于明崇祯年间的木桥，经历雨水的冲刷、烈日的炙烤，于清代初年溃塌，后改建为石桥。

道路通，则财路通，随着经贸的不断发展，拱宸桥逐渐成为南北漕运往来的交通要道，这里商贾云集，货物满仓，记录了富庶江南最热闹的光

景。在康乾盛世，作为杭州水路的“北大门”，它还是恭迎康熙、乾隆两位皇帝进杭州城的第一道风景线。经济繁华之处，必生休闲娱乐之地，杭州城最早的戏院、茶园就在拱宸桥附近诞生。它们供辛劳的船工歇脚，卸下满身的疲惫；供文人墨客吃茶品茗，舞文弄墨；供富庶人家看戏谈笑，打发时间。然而历史总是在战火与和平的交替中不断伛偻前行，在动荡的年代，拱宸桥也是兵家必争之地。太平军的战火灼伤过它的身躯；中日甲午战争后它被夺去了尊严，改名“洋关”。枪林弹雨、尔虞我诈中拱宸桥顽强地“存活”下来，且凭着地理位置的优越性，见证了近代工业的萌芽与发展。如今，几经修缮的拱宸桥依旧是人流如潮，货船往来不绝，西面是古色古香的江南庭院，东面是鳞次栉比的高楼大厦，它就像是一条可以穿梭于古代与现代的时光隧道，98米桥身上的每一条沟痕都是300年来沉淀下的故事。

历史悠久，山明水秀，花草幽幽，才子佳人，杭州的桥注定是多“情”的。断桥有白娘子缠绵悱恻的爱情；德胜桥有韩世忠斩叛军、力挽狂澜的豪情；白沙大桥有建筑师们卓尔不群的才情；而拱宸桥则有见证了历史兴衰荣辱、倾注了人民热血的民族感情，它是历史留给中华民族的一道最美的疤痕。

二、广济桥隽秀婉约

广济桥，曾名通济桥、碧天桥，亦称长桥，是流经杭州北部塘栖的一座古桥。相传它始建于唐朝，现存的桥为明朝弘治二年（1489）重建，其拱券上刻有“弘治二年”纪年，距今500多年，是大运河杭州段最古老的桥。广济桥雄跨塘栖运河南北，是古运河上仅存的七孔石拱桥，亦是大运河上保存最好的薄墩联拱石桥。

从广济桥上走过，斑驳的桥栏杆和石板台阶倒映在河水中，显得既古朴苍凉又隽秀婉约。它在水乡古镇塘栖的怀抱中，至少已舒坦地生活了500多年。而它连接的两岸、依傍的水乡古镇塘栖，在近年也被综合保护，重现“江南佳丽地”的美好底色。水北老街、乾隆御碑、三条半弄……一处处体现江南风情和悠久历史的景点正在让这个千年古镇从古文献中醒来。

塘栖镇在明清时富甲一时，贵为江南十大名镇之首。著名的京杭大运河穿镇而过，使其成为苏、沪、嘉、湖的水路要津，历朝历代以来，塘栖均为杭州市的水上门户。古镇中那些明清建筑、深宅大院皆高筑封火墙，隐于弄内，引伸出一条又一条的陪弄，据说旧时全镇共有弄堂七十二条半。塘栖又是标准的水乡，处处是河，镇上的街面全都沿河而建，落成在屋檐里面，俗称“过街楼”。为方便那些从水路而来的客商们休息，在那沿河的一面还建有一长溜美人靠（塘栖人称之为“米床”）。那一条条河道、一条条街，全都用高高低低的石桥相连，全镇共有石桥三十六座半。最有趣的是，就连那些高高低低的石桥上，都十分讲究地搭有桥棚，使得来往的行人雨天淋不到雨水，晴天晒不到日头。这廊檐街之广、之盛，在江南水乡可以说是独一无二，名震整个江南。有俗语称：“跑过三关六码头，不及塘栖廊檐头。”怪不得，连丰子恺先生家乡桐乡石门的一句歇后语都以塘栖的廊檐街为内容，叫作“塘栖街上落雨——轮（淋）不着”。历史上塘栖交通均以水路为主，人来货往无不借助于船只。塘栖以其独特的地理环境形成了一个著名的水路码头。沟通南北的京杭大运河横贯镇中，镇中心又有市河、东小河、西小河、北小河与运河相通，整个地形如“出水荷花，比比墩阜，非桥莫通”。四邻八乡的物产都顺着河流来此贸易，集散于镇上。自清朝至民国，镇内集市贸易尤为兴旺，朝市、晚市、香市、庙会市支撑起半壁江山，成为江南水乡著名的水路码头。历经沧桑，时过境迁，时至今日，那些昔日的胜景大都早已湮没不存。

塘栖古镇中心的广济桥横跨运河，为浙江省重点文物保护单位。广济桥前为一条不长的仿古街道，但道路宽阔，两侧为商铺。广济桥下的郭璞井，传说为两晋时期著名学者郭璞于塘栖大旱之年所建。桥头右侧有一戏台，不知历史上曾经有无。过桥沿运河的水北街为保存较为完整的老街。过桥直行是新村弄，街道不长，但两侧店铺密集。

过了广济桥，沿运河平行走向的是水北街。向左拐是水北街的两面街，即沿河的街道两侧都有建筑，店铺林立，还有以西姚宅为代表保存完好的民宅。过桥向右拐是水北街的一面街，即只有一侧有建筑面水而立。这条街上有保存原貌的水北粮站，还有乾隆御碑、水利通判厅遗址、御碑码头、基督教堂。

过了河看到一片旧时建筑，就是三条半古弄。三条半古弄，并不是说这弄堂名字叫“三条半”，而是塘栖古镇上原来有七十二条半弄堂，现如今只剩下三条半了，它们是沈家弄、郁家弄、太史第弄，其中太史第弄比其他两条弄多出一个弯，所以算一条半。此处已有400多年的历史。

三、江涨桥隐迹依稀

江涨桥位于杭州市拱墅区湖墅段，从桥上经过你会看到用蓝色字体写下的“江涨桥”三个字，字体优雅美丽，顾名思义，其名字来源于江海潮涨至此。江涨桥的历史极其悠久，而且命运多舛，在悠悠的历史记忆中，它在京杭大运河的周边扮演着重要的角色，在杭州的桥梁史上也留下了浓墨重彩的一笔。它始建于北宋，元末毁，明宣德年间又重建，属于三孔石拱桥，桥两侧的柱子和壁画古香古色，充满了历史的韵味，成为京杭大运河上到达杭州的标志。

运河之上的每座桥都有自己的文化。据史料记载，清朝康熙、乾隆二帝在下江南巡游的时候曾多次到过江涨桥，想必两位皇帝在欣赏美丽的自然风光的时候也自然而然地被桥上的风景所感染，那么桥上的风光自然是差不了，所以它在历史上的桥梁中是有一定的影响的。或许今天站在江涨桥上面，我们也会领略到两位皇帝当年下江南时在江涨桥上看到过的风景的影子，并且现在江涨桥下还“藏”着清朝两位皇帝六下江南主题的文化墙，桥底下有一侧是康熙皇帝的半身肖像，旁边还题了他的一首五言律诗：“越境湖山秀，文风天地成。南临控禹穴，西枕俯蓬瀛。容与双峰近，徘徊数句盈。民心多爱戴，少慰始终情。”如今在桥两头的下边，是六块写着“康熙六下江南”年份的牌匾，桥底下东面是乾隆六下江南的文化主题墙。据说“六下江南”主题墙是很多百姓的“走运”路标，在游步道上行走的、坐在游船上游行的，只要看到两位皇帝的肖像画，那么不用问就知道江涨桥到了，所以它成为到达京杭大运河的标志之一。

除了皇帝在这里留下过足迹以外，古时候的很多诗人也都曾经来过这里，站在江涨桥上欣赏这里的美丽风景，并且吟诵出了流传千古的诗篇。例如，宋朝李新在《晚宿江涨桥》中描绘了他在江涨桥的夜晚所见到的美景及感受：“鸟径青山外，人家苦竹边。江城悬夜锁，鱼市散空船。岸静涵秋月，林昏宿水烟。又寻僧榻卧，夜冷欲无眠。”苏轼也曾经在《杭州故人信至齐安》一诗中提到过江涨桥：“还将梦魂去，一夜到江涨。”此诗中的江涨，就是指这座江涨桥。由此可以看出，在东坡的心里，江涨桥跟西湖一样，都是杭州美丽、繁华的代表。

江涨桥不仅风景美丽，而且地理位置极占优势，无论是古代还是现在，其周边的经济发展都极其繁荣。在南宋时期，这里已发展为热闹的集市。在清末杭州的“湖墅八景”中，“江桥暮雨”就说的是江涨桥这一带的景象。在经济和文化都很繁荣的美丽城市杭州，江涨桥的周边是新建的钱江新城，到了夜晚，钱江新城一带灯火通明、繁花似锦，与江涨桥遥相呼应，毫无违和感。江涨桥经历了历史的磨炼，仍然保持着自己的初心，即使是在灯火通明的繁华都市里，它也依旧保持着自己独特的风韵，屹立于大运河之上。

四、吴越钱王女儿桥

位于浙江桐乡濮院的女儿桥，是运河之上颇有历史渊源的一座桥，其故事多名气大，而桥名的由来也有一些传说。古代也有把它和美女西施连在一起的，其名称也很多，有叫女儿桥的，也有叫语儿桥的。周伟民先生在《嘉兴日报》上撰文这样介绍女儿桥："女儿桥，位于濮院镇南市河，是京杭大运河的必经之地。清嘉庆二年重修，又名'语儿桥'。古为吴越分界处，单孔石拱桥，东西向跨南市河，宋德祐中濮振重建，清嘉庆二年重修。相传，勾践入吴，夫人道产女儿于亭，故称女儿亭，亭傍桥称女儿桥。沈涛《幽湖百咏》诗云：'语儿桥下女儿嫁，南北苏家尽浣纱。王谢堂前春燕去，满街桑影夕阳斜。'桥西堍上有日军侵华时修筑的壕门一道，当年就如城门一般，昼开夜关，限制百姓的行动，是日军侵华的罪证之一。女儿桥见证了古镇的历史沧桑。"这是女儿桥的历史。

又有传说，女儿桥下的梅溪曾是吴越两国的界河。古代吴越两国也是当时最难相容的两个国家，不然当年魏徵怎么单留下了“竭诚则吴越为一体”的名言。昔日两个国家兵戎相见，整日里只求你死我活。有这样一条小溪，名字叫作梅溪，梅溪的两边种满了梅树；有这样一座小桥，叫作女儿桥，连接起两个敌对的国家。所以，这座小桥应该就是在战争不断的年代里，寻常百姓对和平美好幸福生活的最执着最真诚的追求吧！要嫁人的女孩要走一走女儿桥，寒冬里也要赏看一下周边的梅花。古人对美的执着似乎远远胜过了今人。而那个时代的战争与饥饿，可比不得如今的和平与温饱。穿越时光的隧道，我们可以想象女儿桥头昔日的热闹，似乎可以听见桥下的涓涓溪水声，而这溪水，可还是当年越国美人西施浣纱时的梅溪清水吗？

今日的女儿桥头游客纷至沓来、充满欢声笑语，桥上的游客络绎不绝，拍照、观景，不亦乐乎！桥西岸的门框已经破旧不堪，但是昔日古镇的历史痕迹和故事的影子仍然可以感受得到。

而今石桥古老而朴拙，石柱上的浮雕清晰又生动。桥东立了两块牌子，写着“桐乡市市级文物保护单位”字样。桥东的横屋街，其实就是一条窄小的水泥路。桥西的万兴街，则是一条弯弯曲曲的石板路。阳光射在小街上，两边的老屋也已经残破。这座有着千年历史的古桥，曾经溪水两岸梅花点点，曾经连接起两个敌对的国家，几经废建，如今已苍老寂寞，却依然在迎送着众生。不再清澈的梅溪河水，也依然在静静流淌。

五、卖鱼旧时归锦桥

杭州的桥是一种文化现象，许多桥都承载着不少精彩的故事。古时候杭州也被称为“武林”，这也是如今耳熟能详的“武林广场”“武林门码头”的得名所在。在杭州武林门码头附近，有一座家喻户晓久负盛名的卖鱼桥，作为一个历史文化地标，它在杭州的知名度远远大于后来所建设的各种大桥。这座桥因原为鱼市所在地，故俗称“卖鱼桥”。过去卖鱼桥还有一个非常美的名字，叫作归锦桥。传说因为这里是重要的水运码头，而这座桥又是许多衣锦还乡的杭城人的必经之地，因此就有了归锦桥的美称。元朝诗人、书画家张雨还曾为其写过“归锦桥边停舫子，散花滩上作楼居”的优美诗句。

在民间，关于卖鱼桥还流传着一个美好的传说。在很久很久以前，有一个家境贫寒但品性善良的卖鱼小伙，家中有一老一少，为了给家中老母亲治病和供年幼的弟弟读书，每天都要起早贪黑赶到桥上摆摊卖鱼。奸诈的鱼行老板见小伙子老实好欺负，便每次在批发的鱼鲜里掺杂一些死鱼、呆鱼。有一天，桥头上来了一位奇怪的烂脚老人，穿着打扮破破烂烂，身上还散发出恶心的臭味，路人唯恐避之不及。老人独自在桥头哎哟哎哟地嚷着脚痛，一些过路人假装没有听到看到，快速通过桥；甚至附近还有一家店铺的老板看不下去，命手下人赶他走。

好心的卖鱼小伙对老人心生同情，走到他身边，掏出自己今日卖鱼赚到的所有钱给老人，让他拿去治疗这双烂脚。这时，老人把贴在烂脚上的一片树叶揭了下来，在装鱼的水桶里搅一搅，神奇的事情发生了：原来的死鱼竟然全都活蹦乱跳了起来，小伙子的鱼一下就卖出去了。当小伙子回头再找那烂脚老人时，他却早已没了踪影。后相传，原来那烂脚老人正是八仙之一的铁拐李。小伙子自从有了那片宝贝树叶，卖鱼的生意就日渐兴隆。从此以后，来到桥上买鱼的人家络绎不绝，“卖鱼桥”的名字也就这样传开了。

一座桥就是一个故事，一个故事包含着一代人的记忆。如今，卖鱼桥的繁华仍在延续，它不再单单是一个桥名，更是一片富饶区域的代名词。在湖墅北路大关码头附近，矗立着惟妙惟肖的雕像群，有辛苦劳动的搬运工，有互相拱手作揖的商人，有带着孩子的妇女，有手持相机来华观光的外国游客，还有耐心等待接客的车夫，这些都无声地诉说着那些与卖鱼桥有关的生活点滴。

不论是关于卖鱼桥的传说还是展现卖鱼桥码头繁荣景象的雕塑，都足以令人感慨卖鱼桥的美好。卖鱼桥的容颜易改，而记忆犹存。游走在河岸边，且听柳吟风声，耳畔不时传来附近居民们爽朗的欢声笑语，显得一切是那么的安静祥和。

六、断河头上豆腐桥

在老一辈杭州人的印象中，断河头的名气几乎不亚于西湖上的断桥。断河头记载着的是老杭州人最纯粹的生活点滴，它是柴米油盐酱醋茶，是杭州居民心中的物华天宝，是不可或缺的氧气一般的存在。断河头位于东河南段与河坊街交接口，相传南宋高宗赵构为建德寿宫安度晚年而掩埋了东河南段，此后中河和东河两条河道不再互通，“断河头”也由此得名。试想连宋高宗都在此选址颐养天年，此地也不失为风水宝地了。

立于断河头上，顺着东河的方向朝北眺望，能看到河上耸立着三座石拱桥，分别是斗富一桥、斗富二桥以及斗富三桥。据说，这三座桥是由秦桧所建，而要说这三座桥就不得不提与其并排而立的“安乐桥”。相传岳飞有一大将名为王佐，因其在战场上建功而牺牲了自己一条胳臂，此后再不能打仗，岳飞便保举他为“安乐王”。皇帝应允，还答应为其在杭州城内建造一座王府养老。起初在河边建造王府，因难以安置多余的泥沙、青砖、石板等材料，而唯一用于沟通两岸的摆渡船也被占用，于是老百姓便编制歌谣来抒发心中不满，歌词中这样唱道：“安乐王，安乐王，为你安乐大家忙？”王佐从军中返杭，听说此事，便觉为其一人建造偌大王府实有不妥，想起百姓过河如此不便，于是命工匠用这些材料为大家修建桥梁，剩下的材料则用于自己随便搭建两间房。老百姓听闻王爷要为大家先修桥，于是都欣然过来帮忙。

众人拾柴火焰高，一个月未到，大桥便修建完工。此后这座平整宽敞的大桥为百姓来往提供了非常大的便利，大家一高兴，又为安乐王编唱新歌谣：“安乐王，好心肠，造座大桥通四方！”当时，王佐的这一善举传到了秦桧耳中，看到百姓如此追捧安乐桥，秦桧心生妒忌，对于王佐建桥之事不以为然，认为只要建桥就能扬名四方，于是对百姓征收苛捐杂税，势要在安乐桥旁建造三座更气派的桥，并且要一座更比一座阔气。在三座桥建好之后，秦桧非常得意，认为自己与王佐斗富胜利，并将此三座桥分别命名为“斗富一桥”、“斗富二桥”和“斗富三桥”。但是，桥终归是用来通行的，百姓认为秦桧之举实乃令人愤恨，于是都故意不走秦桧修建的三座斗富桥。至于为什么会演变成如今的“豆腐桥”，主要是因为杭州话中的“斗富”二字谐音“豆腐”，百姓为了取笑秦桧而将这三座桥取名为“豆腐桥”。此外，“豆腐桥”一名也更加有趣，更能够引人注意。

如今断河头的豆腐桥上依然热闹，来来往往的行人为这片土地带来了源源不断的生活气息。难以想象这一砖一石竟已历经近千年的岁月，而此处独有的烟火气却依旧旺盛。伫立在豆腐桥上的我，听见一位在路边卖豆腐的小哥笑嘻嘻地说：“豆腐桥的豆腐都是用我做的豆腐搭的嘞！”谈笑间，他的嘴角也不自觉地微扬。

七、最是久远忠义桥

杭州城内河网密布，人们为了方便出行，便修建了诸多形态各异的石桥。这些石桥不仅方便了当地居民的出行生活，也在忠实地记录着这座城市发生的种种变化。在诸多古桥中，最为久远的当属留下古镇中的忠义桥。

忠义桥，位于杭州市西部的留下镇，东西横跨于西溪河上。留下古镇因水运交通发达，自古以来便是杭州城主要的茶叶交易市场。留下老街上的茶市，商贾云集，汇集了众多老字号。每到清明前后，茶户会把最新采到的茶叶运至这里的茶市，等待出售，一时间街道熙熙攘攘，热闹非凡，甚至通宵达旦，贸易不息。来来往往的商贾贩夫，将他们的脚印深深地印在了古老的忠义桥上，忠义桥也成为留下古镇兴衰变迁的见证者。

依据桥洞上的石刻记载，此桥为南宋嘉定十一年（1218）建，距今已有800余年历史了。忠义桥形制为单孔圆弧形石拱桥，桥长15.2米，宽3.5米，拱跨8米，矢高3.2米，为典型的宋朝江浙拱桥的式样。桥面整体呈弧形，东西两头各有台阶13级，以整条青石板砌成。桥顶正中为边长约3米的方形平台，未做任何装饰。桥两侧则以10块长方形青石作栏板，无望柱，亦无抱鼓石。桥拱石形状为明清时期盛行的纵联分节并列式，与西湖上的玉涧桥形制相似，而拱券则采用分节并列砌置法，以七块长方形拱腹板组成一个轻巧的拱形结构。桥拱脚处的券石与桥台临水的襟边为榫卯连接。桥两侧的拱券则由长度略超出桥宽的长系石构成，用以联系两侧的边墙，支撑拱脚桥台的水下基础由河中向两岸升高的斜面砌成。

忠义桥是杭州现存唯一的宋朝桥梁原物，也是杭州现存最早的古代石拱桥。根据忠义桥桥洞上的石刻“鸿因恭为祝延圣寿无疆，文武百寮财富祝口，风调雨顺，谷果丰登，不思兵戈，万民乐业”，又记“福禄奉为舍钱米，施主报答，四恩三有，各祈如意，嘉定戊寅四月禄口白都千缘僧同于道友等”推断，此桥为嘉定戊寅年（1218）建，但桥的具体名称并未见于石刻上。1981年，有关人员在进行杭州地名普查时，在明代释大善的《西溪百咏》里翻到忠义桥名字的由来：“市上（指留下镇）三桥惟忠义桥最大，居中虹起，石色光细，盖良工巧心，故与众桥异，宋孙候所建也，兄弟恺笃故名忠义。”由此“忠义”二字便成为这座桥的名字。

2019年5月8日，忠义桥入选第八批国家重点文物保护单位，成为西湖区第一个“国保”单位。随着留下古镇旧城改造工程紧锣密鼓地推进，包括忠义桥在内的留下古桥得到了进一步的修缮和保护。如今的忠义桥已褪去了昔日的繁华与喧嚣，宁静恬淡，悄然继续着它千百年的时光。

八、两河汇流看黑桥

“黑桥”是杭州福德桥的古名，西连中河路，东接原福德桥河下，在宝庆桥以东，其东面就是新码头，也是当年余杭兴盛之地。这座桥始建于宋代，又叫作洪桥，是一座石砌拱桥，桥身呈弓形，拱高2.3米，径跨5米，桥长10.5米，宽2.7米。

相传宋朝的时候，黑桥的附近有很多家染坊，是著名的染坊集中之地，当时的人们大多染青色布匹，古代人也没有什么环保意识，越来越多的人直接在河中漂洗布匹，时间久了，河水渐渐变为黑色，故才有了“黑桥”的称号。元朝有诗《舶上谣》云：“旧时家近黑桥街，三十余年不往来。凭仗使君一问讯，杨梅银杏几回开？”由此我们也可以想象到当时的景象，古桥边熙熙攘攘的人群伴着水声哗哗的浣洗声，流淌过时间的脚步……

杭州的西湖接纳诸山之水，尤其到了雨季，满则必溢。而在古代，西

湖有两个出水口，分别是涌金闸和圣塘闸。这两闸之水汇流于杭州的城北古新河，在德胜坝向北100米的黑桥头下注入运河，这是千里运河接纳的第一注自然水，所以才有“两河汇流看黑桥”的称谓，这“两河”也就是指涌金闸和圣塘闸这两个出水口的河水。黑桥对于杭州这座城市的意义也就不言而喻了。

关于黑桥还有一个传说，《埋忧集》曾记载关于黑桥老妪转世的神话。据说清乾隆进士蔡之定，德清人，官拜侍讲学士、国子司业，他称自己是前生黑桥老妪转世。黑桥老妪少年守寡，靠女婿养活，喜好做佛事，初死又复醒，对女儿说自己即将投胎转世到蔡家，但因佛图未烧，暂时回来，速代我烧掉佛图以尽对佛的心愿，还详细讲述了蔡家的家世，说完后便去世了。办完丧事以后，其女婿前往拜访，对蔡父讲了他岳母临终时所说的话，蔡父即抱来刚出生几个月的孩子给他看，似曾相识，便相视而笑。蔡之定长大以后，时常对别人讲自己的前生，一生不曾吃荤酒，信佛戒。

桥梁的历史是一部浓缩的人类文明史，也是城市、社会变迁的印证。黑桥曾经见证了杭州古城纺织业的兴盛，如今也依旧被人们所铭记。现在的人们也越来越有环保意识，黑桥下的河水早已不是染布浣洗过的青黑色，但黑桥的名称还一直被人们口耳相传，关于黑桥的这段历史也绝不会被人们淡忘。我想，这也就是桥梁在发挥它的交通功能之外存在的文化历史意义吧。

九、古新河上左家桥

古新河是杭州城里一条古老的河，主要在今拱墅区里，全长约3.8千米。西湖的水是古新河的源头，由西湖圣塘闸闸口流入古新河，该河水穿城而过，它与杭州城内多条内河贯通，相互连串成网，既可用于排洪灌溉，又可作为旧时的交通运输航线。

左家桥位于湖墅南路左家新村西北口的古运河上，原本是一座单孔石桥，桥东有水闸即左家桥闸。每逢汛期，排向古新河的西湖水都是由此再经过一道新建的排水闸门，向东再经过黑桥后便汇入京杭运河了。20世纪

50年代，左家桥被改为平桥。

追溯左家桥的历史渊源就不得不提到一个人，那就是左侯。据传，左侯真名是左世裕，家中排行第八，所以也有人称他为“左八郎”。与左世裕有关的便是左侯庙、左侯亭与左家桥。北宋王朝摇摇欲坠的时候，左世裕举家迁到了杭州，定居湖墅，也就是今天的拱墅区。而在此之前，左氏一家居住在皖中桐城的孔城。孔城是当时皖中鱼米之乡的翘楚，也是皖中地区重要的商品集散地，尤以米业最为突出。左氏，是当时孔城米商中的一员，招牌“诚济”，此招牌是其祖上传下的，可谓米商世家。

北宋徽宗大观年间，左世裕在湖墅运河边的米市巷树起了“诚济”招牌，开始了他在杭州诚信经营、以商济世的生涯。左世裕为人乐善好施，急公好义，与人做买卖极为和气，从不克斤少两。其店虽是新开的，但喜欢光顾他生意的人日益增多。很快他就在米市巷站稳了脚跟，生意越做越红火，收益也远比他在家乡时多得多。虽然生意越做越好，但左世裕却并未因此而丢掉其为人的诚信与善良，而是坚心做善事回报杭城百姓。当时，米市巷附近的那条小河，即今天的古新河，上面有一座旧桥倒塌，他二话不说自己出钱请工人建造了一座更大的桥，回馈社会。桥建成之日，附近的老百姓皆欢呼感激，并一致决定将桥定名为左家桥。然而，就是这样一个诚信、善良、爱民的人，据说却死得很凄凉，夫妻双双活活饿死在床上，亦有说其死于贫病交加。

左世裕过世后，南宋王朝正式追封他为“庇民侯”，并为他立祠纪念。祠名为“左八郎祠”，但当时的百姓更喜欢亲切地称之为“左神菩萨庙”，或“左神庙”。从此，左光裕就进入了杭州运河畔的神仙行列。

左侯亭为2008年所建，配套的有左侯塑像及四块浮雕，再现了左侯事迹。如今，此地已成为杭州运河畔重要的人文景点之一，是附近百姓茶余饭后健身遛弯儿的好去处，也是游人感受杭州运河历史人文风情的重要景点。

十、大将归来得胜桥

马可·波罗曾说：“行在环城诸水，有石桥一万两千座，是世界上最美丽最华贵之城。”杭州是一座深得水之灵气的城市，可以说桥是杭州的坐标，是文化符号。自古以来，杭州的桥依城而生。

在杭州，每一座桥都有一个故事。杭州市区的“德胜桥”重建于20世

纪70年代，空腹式钢筋混凝土结构，经历了40年风雨，早已不堪重负，再加上被运河上的驳船撞了几次，险些成了危桥。经加固之后的德胜桥，桥长56.3米，宽8米，拱肋单孔净跨42米，下可走船，上可双向步行、骑行，机动车单向驶过。德胜桥旧名“堰桥”“得胜桥”，杭州当地人又把它称为长板桥、杨婆桥。从桥的名称推断，可能那个时候它还不是拱桥，而是一座长长的平平的桥，况且附近还有个地名叫长板巷。德胜桥西接夹城巷，东连长板巷，横跨京杭大运河。后来几经兴废，康熙五年（1666），总督赵廷臣和巡抚蒋国柱捐赠重建；光绪十年（1884）再次重建。原先得胜桥为石阶，不能通车，另外桥上有一个四角飞檐的小亭，亭内有似美人靠的木凳，后来亭子被拆，桥也改成了平桥。

德胜桥是为纪念南宋名将韩世忠而建。《杭州府志》载：“觅渡桥直北，夹城巷东，旧名堰桥。韩世忠于此掩击苗刘，故名‘得胜’。”建炎三年（1129），金兵奔袭扬州，赵构仓皇渡江，经镇江府到杭州避难，又一度跑到海上躲避。此时，韩世忠正在抗金前线和金人浴血奋战，皇帝身边只有统制官苗傅、刘正彦，枢密院事王渊和一群宦官护驾。宋高宗信任宦官康履，此人作威作福，众将士心怀不满。王渊由于和康履过从甚密，受高宗重用，更招至苗傅忌恨。苗傅、刘正彦以除宦官为名，设伏兵于桥下，先杀王渊，索要康履。高宗将康履以竹篮从城头放下，被苗、刘一刀两断，再逼高宗退位，拥立先皇幼子，三岁的赵旉为帝，胁迫隆祐太后垂帘听政。前方战事未决，后院又有人放火。高宗焦头烂额，被迫退位，行动已毫无自由。宰相朱胜非假意听从苗、刘，同太后密谋，派人请韩世忠火速勤王。韩世忠平定了苗傅和刘正彦的变乱，成为“得胜桥”最早的形象代言人。后来得胜桥演化为“德胜桥”，也就是很多杭州市民习惯叫的“老德胜桥”。

历史上的德胜桥“桥上盖亭”，每逢十五，有一刻月亮刚好落在桥上的亭子后，人从桥上走过，仿佛“人在月中”，所以有“德胜伴月”或“德胜望月”的说法。据此，设计人员在桥墩位置设置了一个可供人们休息、观景的平台，在桥梁两侧栏杆及桥涵标等处设计了月、云、星光、旌旗等图案，以体现“德胜伴月”的意境。

第四章　大运河南端古迹名胜

一、凤山水门今犹在

“百官门外鱼担儿，坝子门外丝篮儿，正阳门外跑马儿，螺蛳门外盐担儿，草桥门外菜担儿，候潮门外酒坛儿，清波门外柴担儿，涌金门外划船儿，钱塘门外香袋儿，太平门外粪担儿。”这是自杭州城最终固定为十个城门后，前人根据十大城门及各门的物产编成的杭曲小调。温婉细腻、含蓄优美的江南小调让人回味无穷。然而，几经沧桑，这些曾经风光无限的城门除了仅存断壁残垣的凤山水门外，其余均已湮没在历史的尘烟里，取而代之的是一座座石碑。

说起凤山水门，我们不得不提到一位勇士。元至正十九年（1359），义军领袖张士诚割据两浙，以杭城为据点，改筑城垣，在杭城设陆门十座、水门五座。张士诚建造了杭州城的新南门，名为凤山门，在凤山门东侧中河上设立水门，名为凤山水门。它由南北两个不同跨径的石砌拱券并联组成，中间设有一方形闸档，闸档后面的石雕门臼是用来升降闸门的。拱券顶部的蟠龙锁石可以用来锁住闸门。闸门通过升降来控制杭州城的水路通道。独特的地理位置使其不仅成了龙山河的北端端点，同时也成了扼守江南运河通往钱塘江的咽喉。据史书记载，钱江之水，“自龙山河涌入凤山水门”，通过城内阡陌纵横的水道，出武林门水门，和京杭大运河连在一起，既能防守关卡，也能满足人民的日常生活用水、舟楫交通和水利灌溉等需要。明代时，这里依然“官商驰骛，舳舻相衔，昼夜不绝”，可见当时凤山门的繁忙景象非比寻常。

史书上曾记载，乾隆年间有一位名叫蒋士铨的文士曾这样描写凤山门：“桥影条条压水悬，凤山门小带城偏。”意思是说一条流经凤山水门，并有着12座石桥的中河上“桥影条条压水悬”。而一座不小的瓮城，城门却是小且偏，也就有了“凤山门小带城偏”。

1908年，美国传教士费佩德也曾对凤山水城门做了记录：凤山门是一个双重大门，旁边还有一个水门，有大量运纸的船从那儿通过。城门一侧有雉堞（城墙顶端牙齿状的部分，也叫垛墙）的城墙顶上，有一个辘轳上

悬挂着一个篮筐。“人们通过这个篮筐，只需花大约一个便士就能把自己吊进城去。这个辘轳没有滑轮，有时摇辘轳的人酒喝多了，往往吊到一半就摇不动了。”

辛亥革命以后，杭州的城门和城墙在持续近半个多世纪的城墙拆除运动中毁于一旦，“十不存九”。1958年，随着庆春门一带残存的城墙被推倒，凤山水城门成为杭州城唯一一座保留下来的城门，并作为大运河的一部分，先后列入中华人民共和国全国重点文物保护单位和世界遗产名录。

如今，我们走进杭州闹市区，沿着中山南路一直往南走，站在中山南路与中河路的交会处，便可以看到凤山水城门横跨在中河上。如今的凤山水门两边都已经断头，并被栅栏围了起来，顶部依然保持城墙的形状不变，只剩中间拱形的一段。城门北面，藏青色的石砖古朴而富有年代感。转到南面，拱门上方赫然写着“凤山水门”四个字。

历经600年风雨，作为杭州城唯一真实存在的古城墙和古城门，它像养在深闺的宝贝，差一点被历史遗忘；它像慈祥的长者，默默注视着朝代更替和城里城外的人世变迁；它像尘封在历史中的一扇窗，向世人透露出那一段明媚的时光。

二、夹城夜月最堪忆

相传湖墅八景为明代书法家王布范所题，是千百年间形成于运河南端沿岸最美丽、最典型的文化特色景点，与形成于南宋时期的“西湖十景”有得一拼，共包含夹城夜月、陡门春涨、半道春红、西山晚翠、花圃啼莺、皋亭积雪、江桥暮雨、白荡烟村八个地段。

据《西湖游览志》记载，“夹城夜月”为“湖墅八景”之首，“夹城”即湖墅夹城巷。何谓夹城夜月？老德胜桥桥东的路叫长板巷，桥西的路叫夹城巷，古时候在桥西赏月，月似一轮玉盘从桥东冉冉升起，犹如月行桥上，很是壮观。故得名夹城夜月。章文昭《五律》有这样的句子：“潮落月东出，清光满夹城。”说的正是在夹城巷东面德胜桥观月，可见月亮从德胜桥冉冉上升，犹如月在桥上行，诗人融情于景，写就此诗。无独有偶，明朝王洪也曾在此地作过一首词：

卜算子·夹城夜月

孤月泛江秋，露下高城静。期着佳人夜不来，坐转霜梧影。
吹彻紫鸾箫，宝篆烟消鼎。桂子飘香下广寒，银汉秋波冷。

高挂的明月与运河交相辉映，诗人独自坐在运河边，箫曲吹尽，熏香燃光，可心上人却始终未出现，桂花的香气迎风飘来，此时已是深夜，凄凉之感油然而生——这是王洪的孤独，思而不得的孤独，与爱情有关的孤独。历史的车轮滚滚向前，有关夹城巷的故事有很多，这个凄美感人的爱情故事算是其中之一。

沧海桑田，朝代更迭，多少亭台楼阁，在历史的长河中逐渐淡出人们的视野。晚清之后，“湖墅八景”曾一度几乎被人遗忘，这不免让人为之惋惜。

近代关于“夹城夜月”有两种说法。一是据说至1949年前，老德胜桥西仍有两株数百年的老樟树，根节交错，繁茂的枝叶一直延伸到桥头，遮得人在桥头也看不见月轮，只有在桥阶上蹲下，透过层层交错的叶缝方可领略到月光，有时候在月朗星稀的晚上，透过叶缝还能看到数轮月亮并存的奇景，故而又称“夹城蹀月”。另一说法，为旧时老德胜桥上有亭阁，每逢月圆之夜，月轮会在某一时刻落在亭阁之后，从桥侧望去，宛如框中之月，此时若有人立于桥上或自桥上走过，便仿佛人在月中，故而又称“德胜伴月”或“德胜望月”。不过，这两种说法都有点牵强附会，像极了夏夜户外乘凉的大人一边摇着扇子，一边忽悠小孩早些入睡的“哄资”。

如今，随着湖墅行政区划范围的调整，“湖墅八景”已悄然淹没在历史的长河之中，并已化作墙上的风景，我们能看到的也只有一些旧痕。

夹城月色杯高起，江桥渔火夜未眠。如今，随着运河申遗的成功，运河保护开发工作和史学研究工作得到不断推进，美轮美奂的“湖墅八景”又重新回到人们的视野之中。作为八景之首，夹城夜月也必将在新的时代背景下重新焕发生机。

三、皋亭积雪犹可见

皋亭位于今浙江省杭州市北郊，不仅自然风光很美，而且历史源远流长。皋亭，在宋朝，尤其是在南宋时，被称为临安防守要隘，由于地理位置险要，被后人称为“皋亭山”，又称为“半山”。

皋亭山的自然景观着实令人着迷，它是一个风景优美、文脉深厚的地方。皋亭山的“桃文化”最有特色，自宋朝以来就有“皋亭观桃”的习俗。山的西侧有一处“十里桃花坞”，南宋时，山坞两岸遍栽桃树，每逢春暖，桃花盛开，红遍半山。与此同时，皋亭山历史悠久，汉朝有丁兰刻木奉母，晋有桐扣石鼓传奇，宋朝大诗人、文学家苏轼就曾在皋亭作诗，由此可见皋亭的人文底蕴深厚、山川秀美。

文人将皋亭的景色描写得极其生动，将读者引入更加神奇的世界。自古以来，皋亭山秀丽的自然风光吸引了无数的文人骚客。我们不妨欣赏一下文人笔下的皋亭积雪，下面两首明人词作，从不同角度把皋亭雪景描绘得栩栩如生、分外妖娆。

积玉映空青，蓬岛人间近。珠树瑶花满眼开，缥缈仙台影。
便欲跨青鸾，直上三山顶。鹤氅披云看下方，月白银河冷。

——（明）王洪《卜算子·皋亭积雪》

昨夜孤峰如泼翠，今朝玉立巑岏，琼林琪树间琅玕。
蓬莱尘世隔，弱水竟漫漫。

玉宇琼台千仞表，群仙飞珮骖鸾，不知何处倚栏杆。
洞箫吹一曲，鹤氅不胜寒。

——（明）聂大年《临江仙·皋亭积雪》

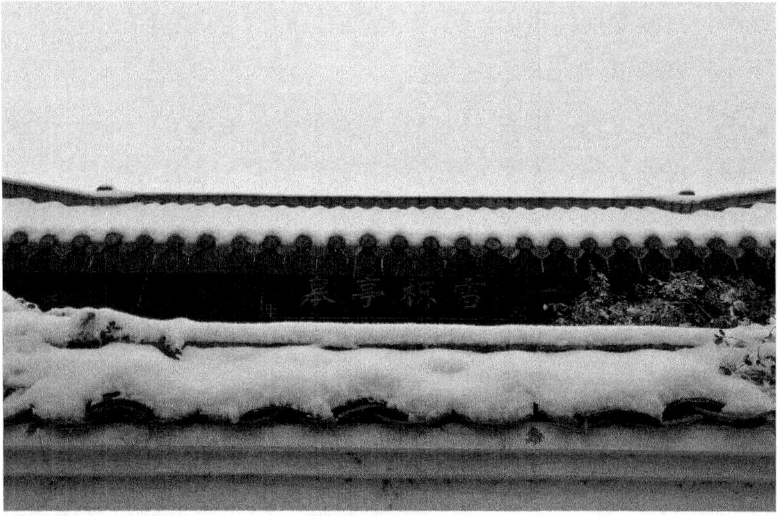

皋亭山还是一个“佛国”。丛林幽静之地，有一座寺庙名叫龙居寺，站在龙居寺旧址一棵历经千年风雨的罗汉松旁，能看到当地人向来自全国各地的游客诉说悠久的佛教文化。皋亭山的佛教文化曾经在我国佛教史上留下一段佳话。南宋时，在皋亭有很多寺庙，包括显宁寺、中塔悟空禅院和下塔月明禅院等宗教历史建筑和遗址。其中龙居寺具有一千多年的历史，据记载，乾隆皇帝曾六次下江南，其中一次就在龙居寺驻跸。龙居寺经历了一千多年的风雨，几经历练，只剩下几处遗迹，但是皋亭给后人留下的影响是深远的。

杭州以西湖闻名遐迩，冬日断桥残雪的西湖格外引人注目。同样，皋亭的雪景也不可忽视，透过文人笔下的皋亭雪景，再加上独特的自然景观，格外吸引游客，据统计，每年冬天都有几万人次来杭州（皋亭）看雪景。希望越来越多的游客能够在冬季来皋亭欣赏雪景，同时领略这里丰富瑰丽的历史文化遗产。

四、北关街市今何在

在明清时代，运河沿岸的桥西直街被称为“北关夜市”。当时的北关街商业集中，有多家前门设店、后门建有泊位的行号。它们在沿河一带构筑大片物业，靠着卫河航运发家致富。

而今，北关历史文化街区仍然保留着卫河航运繁荣时期的古建筑，如游家书屋、付家大院、李家大院、北关百年药店、北关老桥。北关历史文化街区的文物保护工程已经列入新乡段大运河文化带建设项目计划，拟开展运河街区原始风貌保护展示工程，发挥其潜在的社会价值，促进新乡段大运河遗产的展示利用。还有一群亮灯人正默默守护着这一方繁华，他们点亮的万家灯火，再现了“北关夜市”白墙粉黛的市井百态。

2009年，借由法国著名灯光师罗杰·纳博尼之手，运河夜景以“水墨丹青”的形式，一经登场，便吸引了无数人的目光。10年来，伴随着“秀美拱墅”建设、“两美浙江”建设等的推进，运河夜景通过亮化提升、综合整治，不断进行着扩充和升级。

2016年，杭州成功举办G20峰会，运河夜景更是得到了重塑，拱墅区城管局联合京杭大运河杭州景区打造了两岸16千米长的沿河沿线建筑亮灯景观，通过140多幢建筑物天际线的构建，把运河夜景连珠成线，将运河夜游特色产品推向了高潮。建筑天际线结合运河集团实施的水上建筑、绿化、景观节点等亮灯，41万套灯具共同构成了大运河独有的夜游品牌，并维持至今。

2019年，拱墅区城管局在巩固天际线亮灯效果的基础上，继续发动群众力量，深挖品牌潜力，不断打磨运河夜游这张“金名片”。小桥、流水，最重要的是“人家”。运河亮灯的总体布局与老百姓的支持和参与密不可分，运河沿线拱墅段涉及45个小区及楼宇，居民所在的小区建筑构成了运河夜景的主心骨。

夜色中星火点点，从北星桥到武林门码头，运河拱墅段的140余幢建筑连点成线，齐相辉映，运河两岸简洁温馨的居民住宅楼、商务楼宇以点串线，使运河沿岸的灯火辉煌与运河夜景遥相呼应，形成了一条运河独有的美轮美奂的“天际线”。

“船在画中游，人在景中行”，七月的杭城夜夏意浓浓。漫步运河边，处处华灯齐放，夜色斑斓。

北关夜市“渔火点点”，十里银湖墅萤火闪闪，小河直街的红灯笼喜气洋洋……越来越多的市民被这运河沿岸的迷人夜色吸引出家门，活跃游走在夜色之中，不管是徒步、舟游，还是骑行、小憩，都可以触摸到杭州运河华而不浮的厚重之感，欣赏到运河沿岸无处不在的风雅之美。

五、塘栖十景看不够

京杭大运河的最南端，在那十里杏香的尽头，剡溪人家的深处，有一个名叫塘栖的古镇。历史上它曾是声名远扬的水陆码头，富甲一方，商贾云集。沧海桑田，几经变迁，如今的塘栖虽然不再是商业重镇，但却演化为历史的橱窗，成为廊檐错落、黛瓦粉墙的江南水乡古镇。

塘栖古镇坐落于杭州市北部余杭区，地处杭嘉湖平原南端，是浙北重镇、江南水乡名镇、杭州临平区块的次中心。相较于那些已经声名远播的江南古镇而言，塘栖小镇宛如在岁月中静悄悄沉淀下来一般，它低调温婉，但当你走进它却顿感韵味十足，乾隆帝七下江南曾数次到过塘栖，足见它的魅力。所以，漫步塘栖古镇，你所感受到的不仅仅是它的醉人之美，也不仅仅是自古以来它的钟灵毓秀，还能体悟到它依稀可辨的旧时繁华。

如今，随着美丽乡村建设的逐步推进，作为“浙江老字号”的塘栖“百年汇昌”预计于2021年完成修缮，项目规划——塘栖水乡风韵线正积极筹备中。以塘栖“名山、名湖、名镇”为依托，充分尊重自然、文化脉络，强化水乡文化体验，文化定位景观，文化引导景观，打造一个集创意农业、农事体验、非遗制作体验、民俗活动、体育赛事等于一体的独具古镇风情、水乡风韵的景观。徜徉塘栖古镇，最著名的便是漾里十景：梵音慧海、枫林古韵、外塘书苑、夕汀浴鹭、永宁莲海、芦花飞雪、水漾人家、花田雨簇、曲渚回汀、桨声灯影。

梵音慧海是园林式寺庙，大胆超前的思路，冲破人们对寺庙的刻板印象，既有清幽寂静、梵音低唱之空灵，又不失曲径通幽、禅房花木之秀美。水清见底，可见鱼游得快活；亭榭廊桥，有宛转其间的自在。你以为走进了一个园林，回首却见深处一座古色古香的寺庙。

枫林古韵，宿在枫林下，古韵悠然生。江南水乡的温柔和色叶树种（三角枫、元宝枫、枫香、柿树等）的结合，既保证了临水建筑的通风透气性，又将色叶树的叶脉肌理和古镇风情发挥到极致，是塘栖镇特有的韵味。

外塘书苑系主题式书苑，书中自有颜如玉，书中自有黄金屋。区域划分模块，一方面引进当下流行的网红书店；另一方面探寻塘栖名镇的历史古迹，缩影化展现发展长河，恢复即将消失的传统，二者结合成为一个塘栖的历史研学基地。

夕汀浴鹭是一片有山有水的湿地，一个绿色生态浮岛，三五成群或独自徘徊美丽的鸟翩翩而来，夕阳西下，人和鸟类来场约会，恰是闲情逸致，一番别样风味。

永宁莲海乃盛夏观莲之圣地。莲花，出淤泥而不染，盛夏时节，绽放的万亩莲海与木栈道的层次划分，在永宁庙上放眼便是莲花四溢，如自在菩萨镇海般的姿态，一派夏日景象也生几分清凉。

芦花飞雪可金秋看“雪”，融广袤、古朴、新奇、野趣于一体的水生植物芦花、水杉成熟后，风中漫天飞舞的芦花，像下雪一样，水上森林萧然弥望，这样的观感你一定不能错过。

水漾人家富有江南韵味，充满着江南气息的房屋建筑倒映在水中，鳞次栉比，黑瓦粉墙青石巷，竹篱花影，那种粉妆玉砌的美，那份繁复、绮丽、密匝，似乎只有灵秀的江南人才肯安心静坐、日复一日年复一年细细琢磨，水乡人家的魅力不可小觑。

花田雨簇恰似花团锦簇，一派田园风光。满地的多年生宿根草花，让人仿佛置身于姹紫嫣红的花海之中，迈入便会心情愉悦，另有当地的法根糕点产业，月季作为原材料基地，盛产的法根玫瑰饼在市场上备受好评。

曲渚回汀体验枇杷林的情怀。大片的枇杷林和采摘园，儿时爬高下低摘得枇杷的那份快乐，在这里都可以还原，枇杷树上垂下一簇簇诱人的果实，一颗颗枇杷果挨挨挤挤的，就像永不分离的好兄弟。

桨声灯影在灯火阑珊处，两三渔家灯火明灭闪烁。统一的建筑风格，白墙灰瓦，屋外的河埠头和渔船，安静地讲述着塘栖镇千百年来的小镇故事。如有机会，一定要去这儿过上悠闲的几天，体会水乡古镇、烟雨江南、桥街相连的古朴幽静。

六、超山赏梅春风来

早春二月，乍暖还寒，杨柳开始爆芽，百花还未醒来。唯独梅花，已俏上枝头，早吐芳颜，报春了。

梅，以它品种繁多，花色绚丽而不妖，清秀、高贵而驰名。每当冬春之交，说道是漏泄了春的信息。于是，人们偕家带口、呼朋唤友，赏梅寻春。超山自然就成了国内外游客的赏梅圣地。

“冰雪林中着此身，不同桃李混芳尘”，风雪中，那一抹红晕惊艳了整个冬季，映着白色的雪花，显得清雅脱俗。古树下，矮墙边，暗香浮动，清枝萧疏，不肯皎然争腊雪，只将孤艳付幽香。

“超山天下梅”的美誉响古通今。超山的梅花有三绝，分别是古、广、奇。“古”是指超山有唐梅和宋梅两大古梅，均有几百上千年的悠久历史；“广”是指超山梅花有“十里梅花香雪海”之称，绵延不绝；“奇”是说超山梅花有6个花瓣，别处的梅花只有5个花瓣，令人叹为观止。超山是一座风光绮丽、古迹众多、传说迷人的平原小山，充满了独特的韵味。

春日里，超山梅园人头攒动、熙熙攘攘，热闹中若有若无的香气悠悠飘来。顺着香，两侧的枝蔓上盛开着梅花，热情四射，它们微微弓身，伸展枝条，似在欢迎游客的到来。树下，一朵白云飘到梅花间，映衬着梅花，染上了色彩。在各处扎根、自力更生的梅花，用它的生命和傲气创造出了磅礴的、震撼人心的美。

游览超山，不仅仅只是赏梅，还能体味到很多与梅有关的历史文化。俯瞰整个景区的布局，每一个园区都风格迥异：东园磅礴大气，广阔壮美，有全国独一无二的中国戏剧梅花苑；南园的海云洞被列为超山诸景之首，可与西湖洞窟相媲美；北园幽静秀丽，小桥流水，具有典型的江南园林特色。

艺术大师吴昌硕先生一生钟爱梅花，尤以超山梅花为其最爱，留下“十年不到香雪海，梅花忆我我忆梅，何时买棹冒雪去，便向花前倾一杯”的千古绝唱，且把超山作为了长眠之地。

从冬天一路走来的赏梅之路，从含苞待放时的探梅，到花海盛放时的观梅，再到落英缤纷时的寻梅，每个阶段你都能找到独特的美，如暗香疏影的含蓄，如寒梅傲雪的高洁。

远山苍翠的绿意和周围红、白梅花交相辉映，色彩斑斓。花下走过，曲径通幽，花飞花落，意味深长。灵秀的梅花与古老的院落隐约相印，如大师的写意画作，也更多了一份禅意。路径蜿蜒，绵延回环。草木交织中，放眼之处，无不梅影参差，飞红绽白，色唱香和，好不怡心。徜徉其间，不觉有从周先生的妙句飞来：“参差植梅，疏影横斜，人行其间，暗香随衣。”

漫步在山间，静谧的意境环绕，幽径之中，腊梅点缀，每一处的景致都搭配精巧，像一个大盆景，充满了江南梅韵的婉约和精致。山路曲折，林间迂回，梅林匿着亭台楼榭、粉墙黛瓦，还可以还原旧时先人们登山寻梅的妙趣。

十里梅园，万梅齐放，暗香袭人，似有若无。花分各色，争奇斗艳。白梅似雪，白似娇娘雪肤；红梅如火，红如美娥朱唇。极目四顾，繁花似锦，漫无边际，如海如云，置身其中，宛若花海沐浴。落英缤纷，亦飞亦舞，如诉如泣，徜徉其间，疑是林下飞雪。

日丽风和之时身临其境，徜徉在迂回曲折的林间小路，置身于山花烂漫的花海之间，体味着树影斑驳的鸟语花香。

七、漕运记忆富义仓

富义仓坐落在京杭大运河南端，靠近大运河与胜利河的交叉口上。这是一座看起来古色纯朴的木制建筑群，始建于清朝光绪年间。富义仓原本是清朝的国家战略粮食储备仓库，由当时的浙江巡抚谭钟麟督建并命名。顾名思义，富义仓之名即来自“以仁致富，和则义达”。历史迢递，虽然今天的富义仓早已不再是粮食储备仓库，但是作为一种历史的记忆，经过整修后的富义仓公园，俨然成为大运河南端漕运文化的象征符号。

中国古代的漕运制度，主要就是指运用河海水道调运公粮，因而它也是大运河所承载的一项重要经济功能。古代为了缓解灾害等因素引起的饥荒与社会不安，粮食的运输与仓储是一个重大的政治课题。在此情况下，京杭大运河的一个重要功能是从南到北的粮食运输，即江南一带的贡粮大多数都由运河运至京城，而杭州是运输中的一个重要坐标，因此杭州船帆不尽，形成了人群物品云集的商品集散地，也需要有充足的粮食及储粮仓。

到了光绪年间，杭州有五处储粮仓，即广济仓、南粮仓、盐义仓、大仓和义仓，但其中的广济仓、南粮仓及盐义仓均已被废用，只有大仓和义仓两处粮仓很难满足居民需求。因此，浙江巡抚谭钟麟在光绪六年（1880）下令购粮十万石，还建造了新粮仓。清光绪十年（1884）七月建成了有80间仓储式厂房与附属的功能间、居室等，可储存稻谷4万至5万石的新粮仓。此后，它成为杭州百姓粮食的供应地、江南谷米的集散地。当时的富义仓与北京的南新仓齐名，并称为“天下粮仓”，时人谓之“北有南新仓，南有富义仓”。到了民国之后，富义仓除了用作粮仓之外，还承担了军用物资、民生仓库分库等任务。富义仓坐落于古老的运河岸边，是大运河漕运文化的目击者，其本身已经成为运河历史文化的一个组成部分。如今的富义仓在2007年经过修复，整个修复根据还原本来面目的原则进行，即用原有的材料、按照原有的风貌进行，其容貌也恢复了原有的式样。

富义仓不仅折射出古代江南漕运的繁华，而且使人在此体悟历史的变迁，这也成为它越来越吸引游人的原因。现今的富义仓，在保持本色的同时，也跟随着城市居民生活的变化融入具有活力的新元素。在富义仓里有几所店铺、创业工作室等。走进其中一家名叫“松叶芸术”的店铺，里面提供美术课程、油画定制等服务。笔者参观的时候，正有一位客人跟美术课老师谈自己的作品。

历史文化不仅仅是一种凝固不变的标本，它还应该成为孕育生命活力的精神资源。从过去走来，当年储运粮食的国家仓库，这座给杭州百姓提供物质粮食的富义仓，如今依然延续着它的生命，还在给居民提供精神的食粮。今天的富义仓不仅存在于历史的记忆中，其建筑作为运河文化与历史的见证，也为人们提供了了解运河文化与历史的机会，而新生文化资源的注入，更使它回到现代居民的生活中，实现了由提供物质粮食向供给精神食粮的华丽转身，不仅诉说历史的故事，也融入现代城市文明的建构中。

八、西山晚翠花圃莺

常言道："上有天堂，下有苏杭。"浙江省杭州市自古以来就被誉为"人间天堂"，吸引了大批游客。杭州拱墅区大运河附近的一处地方在历史上被称为"湖墅"，它一直高频率地出现在众人的视线中。据光绪年间的《湖墅小志》记载："湖墅乃北郭一隅尔，推而广之则自武林门下至北新关，以及西则钱塘门而抵观音关止，东则艮山门而抵东新关止。"以前的湖墅比今天的湖墅要大得多，湖墅不仅面积大，而且是运河杭州段北运河与内运河之间的主要交通道路，是有名的交通枢纽。南宋以来，随着商贸的快速发展，湖墅地区涌现出琳琅满目的集市，例如米市、鱼市等，数不胜数。这一市场的发展促进了独特的商业生态模式、商品特色框架和人文特色氛围的形成。

西湖、西溪的风光引人入胜，引起了明朝杭州诗人的激情描绘。他们描写了杭州的城市景观——运河拱墅段的"湖墅"地区。该地段因其繁华的商业、浓郁的民俗风情和优美的风景而受到诗人们的赞誉。

湖墅八景我们自然不陌生，说起八景的由来，就要讲到王洪了，他是第一个描绘湖墅山水的人。王洪是明朝洪武三十年（1397）的进士。永乐初年，他入国子监，参与了《永乐大典》的编撰。后来他被排挤出京，游荡湖墅。王洪作有《卜算子》八首，总结和描写了湖墅地区的八处山水，分别为夹城夜月、江桥暮雪、陡门春涨、西山晚翠、花圃啼莺、皋亭积雪、白荡烟村、半道春红。湖墅八景的主题，让商贸发达的湖墅地区披上了优雅的文化外衣。

西山晚翠是早晨到黄昏的景象，王洪在《卜算子・西山晚翠》中描绘了这样一幅图画：

斜日照疏帘，雨歇青山暮。白鸟鸣边一半开，香霭和烟度。
楼上见平湖，影隔青林雾。吹断鸾箫兴未阑，月照芙蓉露。

这是从大关桥俯瞰西边群山的风景。大关桥横跨大运河，又名“北新桥”。明朝时期，北新关始建于此地，因税收之高在全国名列前茅，又称“大关”。从前大关桥和西山之间是一片平原和水乡，据《湖墅小志》记载，河塍附近的山口一面面向水面。人们观赏西山晚霞，浩瀚的云水像一幅长卷，有青翠悠远之趣，引人沉醉，因此，“西山晚翠”又称“河塍晚翠”。

略迟于王洪的明朝文学家聂大年，也有一首《临江仙·西山晚翠》词，写这西山晚翠风情，词中虚实结合，令人畅想无限：

一抹夕阳低远树，分明翠敛西山。
苍苍松桧锁禅关。
疏钟残磬里，倦鸟亦知还。
谷口樵苏归路晚，六桥流水潺潺。
行人指点有无间。
天风吹散尽，露出豹文斑。

酣畅淋漓的笔调所描绘的是纯美景色，墨客骚人的心境仿佛与风景一同被净化。面对西山的风景，文人披着虔诚的晚霞，心便去了西山。浓浓翠意和悠然远山是他们的寄托。在欣赏西山晚翠的闲适中，寻求一种内心的宁静与恬淡。

与西山晚翠毗连的是花圃啼莺。历史上，杭州西北郊有一个叫马塍的地方，河塘纵横，土地肥沃，水草丰茂。马塍因吴越国国王在此养马，数量非常多，有三万多匹而得名。在吴越国“纳土归宋”后，马塍不再养马，成了种花地。据《西湖游览志》记载：“东西马塍，在溜水桥北，以河分界，并河而东抵北关外，为东马塍；河之西，上泥桥、下泥桥至西隐桥，为西马塍。”此地“土细敏树，杭州四时之花于此出焉”，且常有莺鸣其间，所以名为“花圃啼莺”。花圃啼莺，顾名思义，就是植有各种各样数量众多的草木花卉，鸟鸣莺啼于花木之中，其声清脆悦耳。花圃所处位置，即为东西马塍路。据推测，马塍地域大致范围应当为古钱塘门至武林门一线之西北，东抵今湖墅南路，西至教工路，北达文三路，甚至更北且可能部分地带离大关桥很近。以杭州现今仍旧有一条马塍路的景况观之，古马塍地域之大，实难想象。时东、西马塍以松木场河（今已不存，约在今西溪河东150米处）为界，而东马塍又以南北分为南花园和北花园，亦称下花园和上花园。到了明朝，这个地方仍然是花商们采花种树的地方。

王洪在《卜算子·花圃啼莺》里这样写道：

旭日照芳林，莺啭春风早。一片红云暗不开，无奈春声搅。
乘兴且闲游，莫待韶华老。随意飞红点绿苔，休着家童扫。

在聂大年的《临江仙·花圃啼莺》中，也可读出这湖墅八景之一的韵味：

芳圃万花围绕处，软红晴点香泥。
金衣公子羽毛齐。
为怜春色好，终日往来啼。
记得早朝花底散，金河草色凄凄。
数声只在御桥西。
东风回首处，香雾满长堤。

如今东、西马塍的历史景状虽然已经不复存在，这里也没有太多的鲜花，但沿着丽水路和运河沿岸，中间又修复了许多粉墙黛瓦，行走其间，绿树成荫，也别有一番情趣。树林里，有附近的居民在遛鸟，一片动听的鸟叫声中，几位老人闲话渔樵，倒是非常应景。

九、珠儿潭边贾家弄

在任意一处都可能有自己的故事的杭州城里，“珠儿潭”这个名字似乎并不起眼，即便是一处古迹似乎也并不令人感觉惊奇。不过当我们渐渐深入其中，细细地探究这个原只是旧时才子购买的养老宅子内的小潭，就会发现这个不起眼的地方，曾经有过令人感叹的故事。

关于珠儿潭的介绍，最早出现在《咸淳临安志》，书中记载“惠泉在湖州市下闸，乾道三年，周安抚重修惠泉，此泉即珠儿潭”。由此可知，珠儿潭原来是一处比较荒芜的泉水口，但因为其水时静时躁，且安静时如同明镜，躁动时又如同明珠一般耀眼而得名。在《湖墅小志》卷四里，也以“珠儿从水底涌起，刻刻不绝，亦奇观也”之词，对珠儿潭的泉水加以赞叹，足见此处泉水的魅力。关于在此处建宅而拥有此潭水的主人，传说有两种。第一种传说在清朝，一位比较有名的学者丁丙，在这里建造了一处极富江南特色的宅院，并在珠儿潭边立了个牌匾为“寒潭雁影”，且特意题了一首诗：“周公曾把惠泉参，滴滴明珠水上涵。妆点泻春园一角，空留雁影落寒潭。”如此有情趣的主人，为家中的一泉水立匾，题诗夸赞，足见此主人对其的喜爱之情。第二种传说在咸丰初年，一位名为戚凌燕的人，从姓范的主人那里买了建好的宅院，带领全家移居于此安享晚年，珠儿潭恰好在其院内。主人认为，虽然潭不大，但是泉水过于美丽清澈，且水珠过分活跃，就题了一个“寒潭雁影”的牌匾。

总体来说，珠儿潭在多年之前，是某宅院内的一处风光。但后来它的风光就变淡了，以至于现在，它只是一处位于居委会办公处的小潭，无人得知其悠久历史，也未曾知晓它的故事。据说珠儿潭的周围原来有很多装饰物，其两边有一些老虎头的图案，但都随着时间而消失不见。后于1982年在原址上重新修建，利用条石将它围成一个长7.12米、宽4.75米的小池子。池内潭水没有了原来的活力，只留有平静。潭里圈养的各色小鱼，或成群结队，或形单影只地穿梭在其中，潭面上还漂浮着零零星星的浮萍，偶有几朵娇艳欲滴的荷花盛开其中。现在的它，只是高楼、居民区附近的一处纳凉佳处，不会再有文人雅士来认真地欣赏它的美与独特。

珠儿潭附近的贾家弄也由原来充满民间古朴气息的小巷，变成现今充斥着现代生活气息的林荫小道。关于贾家弄的来历，也有那么一个小传说。据说在南宋时期，这个小街巷里出了一名丞相，于是乡里乡亲就以此丞相的姓给这个小巷改名，但是后来这个丞相因为在朝廷的名声越来越不好，变成一个奸佞之人，人们虽有些失落，却也不敢再提出改名，于是贾家弄的名字一直流传至今。如今的贾家弄周围有很多商业化街道以及商场，现代城市生活气息非常浓厚。现如今的商业化虽然便利了市民的生活，但是对古迹的保护却带来挑战。

不论是珠儿潭还是贾家弄，现如今都被现代化气息充斥着，古老的历史文化气息逐渐消失。笔者认为，城市发展固然重要，但对城市内古迹的保护与发展也需要特别关注。

十、陡门春涨半道红

杭州是一个城市和山水的完美结合体，因山水就在城市之中，人们不用舟车劳顿，即可安然享受。杭州的美不仅仅在于景色本身，还有那渗透在一草一木中的人地相宜的气息。西湖宛若是杭州大花园中的一池清碧，而运河则是大花园里贯通的溪流，不仅浸润着山水草木，也浸润着历史文化。而历史上的运河陡门，则是这种水系与城市的交融典型。

作为湖墅八景之一的“陡门”，过去也算是一处比较吸引诗人雅士们欣赏的美地。清朝光绪年间的《湖墅小志》中记载：“昭庆寺后面的《宋志》中提到九曲下湖，古时候有二斗门，玉壶水口和中闸，随着时间流逝，万事已变迁，又开了一条新河，促使玉壶的水向南边移动，建了个圣塘闸，而斗门就在圣塘闸附近。”这里记载了陡门的来历。

陡门的由来简单说就是，在春天万物复苏之际，山里的水也随着山林复苏而多起来，在春天会产生汛期，于是西湖的水位就会迅速上涨。圣塘闸为了缓解压力，开闸向古新河排水，由于闸口和河的落差足有五到六米高，西湖的水犹如猛兽一般被囚禁了一个冬天，在突然被解禁之后，其势一泻而下，澎湃壮观，所以人们都将这一景观称为“陡门春涨”。对于此景观做出评价及赞美的诗句不少。例如明朝的王洪曾在其词作《卜算子·陡门春涨》中赞叹此壮景为“惊雪喷高崖，雷响青天晓”。聂大年也曾在《临江仙·陡门春涨》中描写陡门春水猛涨、浪击两岸的壮观景象为“夜来春涨崩奔，惊涛拍岸撼昆仑”，足见当时景观的壮丽。

与陡门春景相呼应的则是另一个湖墅八景，即“半道春红”。同样是春景，半道春红与陡门春涨同时观赏效果极佳，一动一静别有情致。旧时曾有人认为这里的景色特别，丝毫不逊于西湖湖边杨柳飞絮的景色。《西湖游览志》记载：“半道红相传就是夹路栽桃数里，春天桃花开时，如火如荼，晓日红千树，花落如红雨，故以‘半道红’命名之。”遥想那半宽的小路边上，种上长达数里的桃树，桃树逐渐成长，但却不会长成那种参天大树。它们就那样静静地立在路边，在春天百花盛开的时候，凑着热闹，让自己的花朵尽情地绽放，最后等待着春风和春雨的洗礼，为这一小地方增添更多的美景。难怪王洪的《卜算子》写道：“宿雨涨春流，晓日红千树。几度寻芳载酒来，自与东风遇。”这也正是许多人对这两处景色的深刻感触。

第五章　江南运河的古老传说

一、隋炀帝寻觅琼花

琼花，又名聚仙花、蝴蝶花，属忍冬科落叶或半常绿灌木，每年4、5月间开花。花大如盘，洁白如玉。聚伞花絮，生于枝端。周边八朵为萼片发育成的不孕花，中间为两性小花，秋天则生成穗状红珠。开花期间，远远望去如碧绿的树上挂着一个个洁白的玉盘，白中透翠；秋天看去，在密林之间堆了一串串绯红的珠儿。古人为它的美所倾倒，写了很多赞美的诗，南宋诗人胡仲弓有一首《琼花》诗写道：

洁白全无一点瑕，玉皇敕赐上皇家。
花神不敢轻分折，天下应无第二花。

而琼花的传说，常常令人想到隋炀帝三下扬州寻觅琼花，琼花也因隋炀帝而名声大噪。传说之一是，隋朝时扬州东门外住着一位叫观郎的小伙子。一天，小伙子在河边钓鱼，突然身边落下一只受伤的白鹤，落下来再也不能起飞，两眼哀哀地望着观郎。心地善良的观郎把白鹤带回家去，喂它小鱼。后来白鹤养好了伤，飞回了大自然。在观郎结婚时，白鹤衔来一粒种子，表示祝贺。观郎将种子埋入地下，就生出了琼花。这花每半个时辰就变一个颜色，流光溢彩，赏心悦目。炀帝闻知，便来扬州看琼花。琼花羞见君王，立刻凋零。隋炀帝大怒，挥剑砍花，只见琼花一道金光，随白鹤而去。另一个传说是，隋炀帝在扬州的行宫时，看见有个叫杨琼的姑娘，长得如花似玉。隋炀帝钟情于她，而杨琼则誓死不从，最后自尽。就在她居住的院子里，生出了一株花，开出了几十朵盘子大的花，洁白无瑕，花团锦簇，异香无比，人们称之为琼花。隋炀帝闻讯赶来观看，花当即枯萎。隋炀帝见之大怒，便挥剑砍掉此花。奇怪的是隋炀帝死后的第二年，琼花又生出新枝。当然，这些传说大都是戏说，其中也不乏丑化隋炀帝的成分。

其实真正发现琼花和描写琼花的第一人，是宋代诗人王禹偁。他是宋太宗至道二年（996）来扬州当知府的。这时候离隋炀帝死亡的大业十四年（618）已经378年了。就是说隋炀帝那时琼花还没有出现。那么他三次下扬州到底是为了什么？

中国自东晋以后的六朝，南北对立近400年，历史上称为“南北朝”。南北不论在经济上还是文化上都形成了很大的差异。隋朝统一后，必须尽快消除这些差异。隋文帝灭陈后，推行“关中本位政策”，对江南人士采取了排斥鄙视态度，使江南庶族地主和一些刚刚得到官职的人士大感失望。因此南方一直不稳定，开皇十年（590）即发生了一场反隋叛乱。隋文帝调杨广（晋王）为扬州总管，并令宰相杨素镇压叛乱。与杨素血腥镇压不同，杨广采取了围剿和招抚并重的手段，以攻心为上。在三吴地方名士的帮助下，四处游说，有17个地方开城出降，不战而屈人之兵。江南局势得到缓和。

杨广从开皇十年（590）出任扬州总管，坐镇江都（扬州），到开皇十九年（599）入朝离开，在扬州整整十年。22岁的杨广，对自视正统的江南人士优礼有加，尊崇宽大，大大缓和了南人的敌对情绪。他还效法东晋名相王导的做法，“言习吴语”，学会了一口流利的吴方言，令江南诸儒编撰《江都集礼》一部；并且对南人宗教表现出了极大的尊崇和维护，亲拜佛教天台宗创始人智顗为师，亲自听智顗讲经。在天台宗创始人智顗法师圆寂时，“五体投地，悲泪顶受”，得到了佛教界的支持，也为江南人民所接受。这些表现了他政治上的成熟，与高超的政治手段。因此，其声誉在其兄弟间与日俱增，为最后取得帝位创造了条件。

另外，隋炀帝从继位到被迫自杀，前后在位14年，其中在京师（长安）的时间不到一年。他当了皇帝后，除了西巡东战，仍旧十分迷恋扬州。看到宫中挂着扬州的图画，都瞩目久之，十分沉迷。当时的扬州是豪富之地。因此，曾长期在此居留的隋炀帝，也难免对扬州情有独钟。

隋炀帝第一次下扬州是在大业元年（605）八月。这次主要是增进南人的感情，对“扬州给复五年，旧总管给复三年”。给复，就是免税。并对灭陈时的皇子，“尽还京都，随才叙用”。同时他的仪仗塞满街道，绵延二十余里，极大地炫耀了朝廷势力，对江南人士是一个慑服。第二次是在大业六年（610），是为了建“江都宫”，进一步巩固后方，准备东征高句丽，远播皇威。第三次在大业十二年（616），这次是为了逃命。李渊起兵攻入长安，立隋炀帝的儿子杨侑做了皇帝。炀帝感到情况不妙，决定迁都南京，引起了内部骚乱。

到了大业十四年（618）三月，他的禁卫部队在宇文化及的带领下，处死了他。隋炀帝应该说是一位有雄才大略、有开拓进取精神的皇帝。他也曾夸海口“掩吞秦汉，志包宇宙”，“跨三皇，超五帝，下视商周，使万世不可及”。他开通了大运河，沟通了南北经济和文化的交流。对江南人民实行优惠政策，结束了南北分裂局面。经济上也有了一定的发展。但他没让人民得以休养生息，接二连三地进行大战役；滥用民力，修宫殿，筑长城等。这使其政治失控，朝野离心。特别是他的迁都决定，直接影响了他禁卫部队人的利益，引起了叛乱。至于传说中隋炀帝的某些劣迹，真假难辨。一个被部下处死的亡国皇帝，本身就是个难以辩说的大劣迹，所以后世的《隋唐演义》《说唐》等小说演义，把一些劣迹安在他的身上也属必然了；加之他之后的王朝又是辉煌的唐王朝，相形之下，他必然就是如今的面貌了。

二、宋嫂鱼羹东坡肉

宋嫂鱼羹，杭州名菜，由南宋流传至今已有800多年历史，因宋高宗赵构喜爱此羹，得以名闻天下，现如今杭州城内鱼羹做得最好的应数天外天与楼外楼。寻一闲暇之时，呼朋唤友，泛舟于西湖之上，品一品宋嫂鱼羹，岂不美哉！

最早记录宋嫂鱼羹的是宋人吴自牧的《梦粱录卷十三·铺席》，当年“杭城市肆各家有名者”，其中就有“钱塘门外宋五嫂鱼羹”。同时宋人周密的《武林旧事卷七·乾淳奉亲》又有详细记载，宋嫂鱼羹在杭州起始于南宋的淳熙年间。宋朝时期，商品经济发达，普罗大众的生活较唐朝有了较大提升，虽然宋朝在中国历史上被贴上了“积弱”“屈辱”的标签，但不可否认的是，宋朝人民的生活水平在中国的封建王朝中一直排在前列。由于屈辱的“靖康之耻”，大批北方民众随宋高宗迁往南方，由此带来了饮食文化的转变，宋嫂鱼羹也是由此时传入杭州的。

关于宋嫂鱼羹还有一个耐人寻味的小故事。相传菜名中的“宋嫂”确有其人，原是东京汴梁（今开封市）的一位女厨师，平日里以售卖鱼羹为生。随着宋朝国都由东京汴梁改为临安，宋嫂一家人也随之落脚于此。一日宋嫂正在西湖边售卖鱼羹，恰逢宋高宗在西湖游玩，高宗一听宋嫂的汴梁口音，思乡之情不由得涌上心头，随即便唤宋嫂上船献上鱼羹，高宗尝后赞不绝口，随即便赏银百两。经此一事，宋嫂鱼羹扬名临安城。

传统的宋嫂鱼羹选用上好的鲈鱼或鳜鱼，取其鱼肉，佐以绍兴黄酒、精盐与葱姜丝上锅蒸熟，去除鱼刺、鱼皮备用。香葱、生姜、熟竹笋、水发香菇切丝，鸡蛋黄打散，锅内放猪油，下香葱丝煸至有香味，加入高汤煮开，放入料酒、熟竹笋丝、香菇丝，煮开后，把鳜鱼倒入锅内，加酱油、精盐、味精煮开，用水淀粉勾薄芡，然后将蛋黄液倒入锅内搅匀，待汤再开时加香醋，浇上六成热猪油即可。味道鲜滑爽嫩，因其味如蟹羹，故又名“赛蟹羹”。

苏轼，字东坡，他不仅是“唐宋八大家”之一、“三苏”之一、“宋四家”之一，而且还是一名资深吃货，从他自号“饕翁”便可想见一二。如果说他的才华举世无双，那么他在美食品鉴上的造诣更是无人能敌。如果有人对苏东坡的美食爱好有所了解，那么排名在前的一定有一样名菜——东坡肉。

东坡肉，色泽诱人，肉质细嫩，据说创制于宋朝大词人苏东坡之手。当初，苏轼被贬于黄州，心情烦闷。在当时的黄州因为养猪人颇多，猪肉价格持续低迷，苏轼听闻此事后，立马打起了精神。他一边如陶渊明般躬耕于东坡，一边潜心钻研黄州猪肉的做法。一来二去，他对厨艺的钻研越发深入，终于有一天，红烧肉被他研制出来。为了这碗肉，他还写下了那首脍炙人口的《猪肉颂》："净洗铛，少著水，柴头罨烟焰不起。待他自熟莫催他，火候足时他自美。黄州好猪肉，价贱如泥土。贵者不肯吃，贫者不解煮，早晨起来打两碗，饱得自家君莫管。"如此美食再配上他这位大词人为它题词，放到今日应该就是火遍大江南北的"网红美食"了。不久之后，苏轼调任杭州。刚到任上便遇到台风登陆浙江，西湖泛滥，给当地人民的生活带来了困难。苏轼带头领导人民抗击洪灾，重建家园。他不仅安排人员疏通了河道，改善了当地的排水系统，还为杭州留下了美丽的苏堤。当地人知道他爱吃猪肉，于是投其所好，在过年时送给他一担担猪肉表示谢意。苏轼盛情难却，收下之后命家人将猪肉切成方块，烹制好后连同美酒一并送还给百姓，家人误解其意，将猪肉与白酒一同烧制，就这样误打误撞之下，红烧肉变得更加美味，当地百姓品尝之后连连叫好。为了纪念苏东坡，当地百姓将这种红烧肉称为"东坡肉"，就这样，"东坡肉"成了杭州名菜。

每到深夜之时，那碗色泽红润、味醇汁浓的东坡肉便盘踞于脑中，使人辗转反侧，夜不能眠，而苏东坡那种即使面对困境也能苦中作乐的精神，也更加令人钦佩。

三、康乾二帝巡江南

大运河的江南运河，曾称江南河、浙西运河，为京杭大运河的南段。北起江苏镇江、扬州，绕太湖东岸达江苏苏州，南至浙江杭州。早在春秋战国时代，因长江-钱塘江之间地势低平，河湖密集，已出现沟通河湖的运河。后经历代开凿、疏浚，江南运河初具规模。隋炀帝大业六年（610）

重新疏凿和拓宽长江以南运河古道，形成如今的江南运河。江南运河历来都是黄金水道，而苏州至杭州的杭州段运河，无疑是江南运河最精华的部分。

在我国历史上，封建王朝的最后一个盛世叫“康乾盛世”，又称“康雍乾盛世”。该时期经历了康熙、雍正、乾隆三代皇帝，持续时间长达一百三十余年，是清朝统治的最高峰时期。此期间，中国的社会改革颇多，国富民强，社会稳定，经济和人口增长很快，疆域亦很辽阔。

康乾盛世既然简称“康乾”，就得说到康熙和乾隆这两位爷孙帝王。这两位帝王在位期间，都曾南巡。所谓南巡，也就是下江南。乾隆比康熙更喜欢出巡，曾六次下江南，美其名曰去体恤民情、视察河工等，其实其间也做了不少风流韵事。皇帝南巡视察主要走水路，沿京杭大运河一路南下，所以需要坐船。据清史记载，两位皇帝南巡开销差距也很大。

康熙南巡，每次随行不过几百人，经常自己搭帐篷住宿；而乾隆南巡则更加奢侈。

乾隆皇帝在晚年写回忆总结时说："我在朝五十年，做了两件大事，一是西巡，二是南巡。"他一生六次下江南，到过烟雨楼八次。乾隆十六年（1751）正月十三，是他第一次到嘉兴，首次南巡由京师出发，随行的有皇太后钮祜禄氏、皇后嫔妃，以及大臣、侍卫人员，共2 000余人。二月的时候，乾隆抵达苏州吴江，当地知府早一日就率领地方官员等候迎驾。船抵南湖，只看到烟雨蒙蒙，晨雾迷漫，湖心岛上楼台亭榭若隐若现，如诗如画。乾隆沉醉在这独具江南水乡特色的烟雨风光里，萌生了写诗的欲望。乾隆每次到嘉兴，都要登烟雨楼，并挥笔题诗赞颂一番。

第五次南巡时乾隆已经70岁了。他宿在烟雨楼里，临行时带走烟雨楼图纸，回京后在热河行宫避暑山庄青莲岛上仿建了一座烟雨楼，耗银35 000余两。

乾隆四十九年（1784）第六次南巡时，乾隆已是75岁高龄了，临别南湖时留下这样的诗句："不拟南巡更临此，鸣榔欲去重徘徊。"他对烟雨楼流连忘返，久久不忍离去。

江南运河于我们而言的意义已经不仅仅是交通运输等，更多的是长久而丰厚的文化符号和情怀。千古悠悠，时光荏苒，这里留下了无数动人的故事，它们像一颗颗珍珠一样点缀着这条古老的运河；这条古老的运河也不知疲倦地，滋养着一代又一代文人墨客的心灵。

四、半山娘娘黑米饭

地处杭州北部的半山，本名皋亭山。南宋时在山的半腰建有娘娘庙，故民间称之为半山。半山娘娘庙的遗址至今尚存，流传至今的半山娘娘民间传说和相应的习俗，极大地丰富了当地人的生活。

半山娘娘是一个具有传奇色彩的人物。相传半山娘娘原本为倪氏，祖居湖北襄阳，为避战乱，随父南迁徙居至皋亭（半山）。因家庭贫寒，她经常上山打柴，被虫蚊叮咬，身患疥疮，无钱医治。最后经高人指点，半山娘娘用一种树叶煮出的水做成了黑米饭，食之三天，疥疮治愈。从此每年到了立夏时节，半山一带的人就有了上山采乌米饭叶、烧糯米饭吃的习俗。

传说中的这位半山娘娘自幼聪慧，尤其喜欢饲猫灭鼠，护蚕丰收。南北宋之交康王南渡时，娘娘救驾捐躯。南宋高宗皇帝建都临安，首崇祀典，敕封其“撒沙护国显应半山娘娘”之号，并在皋亭山西南坡半山腰中立庙敬奉，半山地名也由此而来。嗣后，娘娘塑像前时有七彩灵猫显现，倪氏后裔取山泥依样塑之，上贡祈祷，镇于蚕室，驱鼠护蚕，祛邪扶真，蚕花茂盛，家道昌盛。

如今半山已经成为国家森林公园，半山娘娘庙也人来人往，热闹非凡。立夏时分是半山立夏节，一早就可以闻到乌米饭的阵阵清香。按照风俗，早上前往半山，可以在娘娘庙前一带体验到“全套”的半山立夏传统风俗。摘青豆、画灶头画、老灶头烧野米饭、大秤称人。最重要的是，半山立夏节的娘娘庙里，当日会备好8 000多碗乌米饭——光米就需用去2 200斤，乌米叶子250斤。来到这里的游客，可以免费品尝杭州立夏风俗中最不可或缺的乌米饭，体验杭州立夏民间风俗。

五、钱塘温元帅庙会

送瘟神习俗有其深厚的历史渊源，也包含着不同地域的民俗禁忌和仪式。这种祭祀一般在每年的农历五月举行。饮菖蒲雄黄酒、“悬艾避瘟”是最为人所知的端午节习俗，而在杭州及嘉兴海宁一带，这个日子还有一层含义，就是渐渐被人所淡忘的送瘟神习俗。

在拱墅区的墅园之北，紧贴着信义坊巷，有一条草营巷。在巷子的西面，靠近莫干山路的地方，有一块石碑卧在小花园的草丛中，碑上刻有“温元帅庙遗址”几个字。在民间信仰中，各地温元帅之身世行踪各不相同。“温元帅在宋代被视为是一位可以预防传染病及扑灭瘟疫的区域性神祇，该信仰缘起于宋代浙江温州平阳县，后传至温州及杭州，北至嘉兴、湖州、绍兴、苏州及湖北，西至四川，南至福建和台湾，今日台湾盛行的王爷信仰即与温元帅信仰有传承关系。”温元帅信仰向南发展到福建泉州府的同安县，虽然当地称之为池王爷，但从其神传与图像来看，与温元帅极其类似，所以两者应属不同形式的同一神祇。杭州也信奉温元帅，温元帅的作用也是驱除瘟疫，如《申报》所称："杭州例于五月十六日赛元帅会。升平时，斗胜争妍，务极炫耀。……李制军抚浙时，途遇事会，见（有）十数骑皆穿黄马褂，戴孔雀翎，不禁勃然大怒。立石元帅庙门外，永远禁止。杭人遂改于永宁院敬神祈福，然犹未敢舁神出游也。至二三年前，始以驱逐瘟疫为名，出游各处。"虽然杭州的温元帅也姓温，但其传说与其他各地都不相同，也就是杭州的温元帅也有自己的传说。

民间传说温元帅是一名来杭赶考的秀才，那晚住在这里，夜半小解，偶然间听见厉鬼说将要在井里下瘟药，秀才大惊，为使百姓免遭横祸，他以身投井。次日众人把他从井里打捞上来，看见他浑身乌青，方知这井水有毒。秀才舍生救众的义举震动天庭，遂被封为神。书生或姓温，因"温""瘟"谐音，所以又被称为"瘟元帅"。明清时期，杭州每年农历五月十六都要举行元帅庙会，以此来纪念驱邪逐疫的温元帅。人们从湖墅草营巷东岳庙旁的元帅庙内请出温元帅座像出会巡游。上至武林门，下抵北新关，观者如云。巡游队伍有幡竿、香炉、高跷、龙灯、台阁等，鼓乐齐鸣，鞭炮震天，浩浩荡荡，轰动整个杭城。后因战乱和时局变化，杭州城内庙会的盛况方才消失。幸运的是，钱塘社区的元帅庙会保留住了杭州老底子元帅庙会的盛况，在2009年6月，"元帅庙会"还被列入第三批浙江省非物质文化遗产名录。2014年，余杭的元帅庙会入选第二批浙江省传统节日保护基地。钱塘社区"元帅庙会"主要有两大内容，一是祭拜温元帅，二是请出温元帅像巡视四邻八乡、驱除瘟疫。

每年农历五月十六这天清晨，随着鞭炮阵阵，鼓乐奏响，踩街活动开始，由掮炉子、大纛旗、大刀队、白神班、马灯、舞龙、舞狮、火神会、神枪、抬阁、滚灯、采莲船等数十支队伍组成的巡游"长龙"，迤逦数里，浩浩而过十多处表演点。一个个气宇轩昂，衣着鲜灿，结队驱驰，轮番上场展示各自的拿手好戏和民间绝活，凡应旗幡、刀枪、掮炉、马灯、狮龙，诸般戏具，尽皆施呈，让人应接不暇。加之锣鼓喧天、笙箫聒耳，好似阵风撼动千竿竹、万千军马的钱塘江午夜潮，以至观者欣喜若狂，手舞足蹈，尽展平日未有的疏狂。演出队伍所到之处，士女喧阗，各村各户盛情欢迎，其中还有海宁、桐乡、九堡、下沙等地的群众慕名而来观看。至下午4时多，队伍回到圆照寺，方才结束了这一年一度的庙会。

近年来，元帅庙会的表演又加入了秧歌、舞剑、舞扇、腰鼓、经塔队、济公队、彩旗队、秋千队、洋鼓队和铜鼓乐队。所有表演，都由当地居民自发参加，迎会的队伍越来越壮大，足见这项活动深受群众的喜爱。

元帅庙会中的表演，在古时对教化百姓、扬善惩恶起到了一定的作用。而临平乡民世世代代对瘟元帅的崇拜，反映了当地民众对健康生活的向往。在迎神赛会中，民众得到了自我的教化，灵魂得到了升华，防病意识得到了强化，身体素质得到了提高。

六、祥符花神庙遗址

如今的祥符花神庙遗址碑，竖立在城北莫干山路的汽车北站对面，这里正是原花神庙坐落的地方。簇新的灰色芝麻纹大理石，没有人为抛光和做旧，碑下混凝土上，稀疏镶嵌着黑色鸡蛋大小的鹅卵石，供参观者落脚。莫干山路是杭州北大门，经104国道武康西可转抵莫干山。祥符文化站站长卢志贵说："要考虑到将来莫干山路拓宽的可能，尽量避免遗址碑再次移动。"所以石碑立在距离道路稍远的花坛里，位置相对比较隐蔽。

据民俗专家吕洪年先生考证，花园岗村花神庙始建于清道光咸丰年间，大约1831—1861年；花神庙被焚毁于1943年则是村里多人见证的，那么估算起来，此庙存在了百年左右。村中老人钱耕深未曾出版的《纪实》书稿中记载："因为这个官办花园声名显赫，设置岗哨，官兵站岗，所以有了花园岗地名。"书稿还提到，花园岗是南宋宰相秦桧选定的皇家花木基地，专门为临安府的市政道路、官府庭园提供花木珍卉。遗憾的是，仅仅依靠村民口口相传，无法引用作为佐证，花园岗村是南宋皇家花木基地的说法尚缺乏考据学上的支持。

说到庙宇的构造，花神庙跟普通寺庙不同：“庙外围整体白粉砖墙，屋顶覆盖小青瓦，大门上头二楼搭建着戏台，平面看似牌坊门楼，进出花神庙从戏台底下长6米高5米的门堂，跨过20厘米高的木台阶进入，头顶是木头板搭建的戏台地板，戏台大小约30个平方米，戏台和大殿的梁柱上都雕刻着精美的花样纹式。大殿正中花皇菩萨坐在龙椅上，双手放在双腿膝盖上，头上的官帽上镶嵌着用五彩丝绸制成的‘杨梅球’。花皇菩萨五官方正，胡须微卷、眼窝深陷、眼睛明亮，身着彩绘龙袍，既有汉人的温文儒雅，又有胡人的健壮英武。左右12尊花神，每座花神间隔60厘米，她们五彩绘身，手持各季仿真花，待人供奉；前方放置佛凳、香烛架子和5米长的供桌。”“正月花神梅花，二月兰花，三月桃花，四月牡丹，五月石榴，六月荷花，七月紫薇，八月桂花，九月菊花，十月芙蓉，十一月茶花，十二月蜡梅，花皇体型高大，近4米，佛身是铝壳彩塑。很多地方的花皇都是以武则天为扮相，唯独花园岗花神庙的花皇是唐太宗。”传说这有两个原因：一是花园岗人重男轻女，觉得不应有女人作为花皇；二是武则天在花农心中，污秽专权。

1950年左右，花神庙已经不在了，但是花神庙的菩萨还在，“由于要破除封建迷信，五六个村民，拿着绳子、撬棒前去清理，把绳子套在菩萨头上，一二三撬棒一撬，菩萨倒了，本身就是泥塑，有的倒地时就粉碎了，没有碎的，用撬棒轻轻敲击，一上午不到，佛身都不存在了”。花神庙被夷为平地以后，这块空地变成了一个广场。“需要时，会临时搭建个台子，开大会。”“文化大革命”的时候，在遗址上建造了一个礼堂，礼堂边上有一个小学，名叫花园岗小学。小学后来变成了村办粉丝厂，改革开放以后粉丝厂倒闭，之后被改造成莫干山路，也就是现在的模样。

七、吉庆桥故事传说

河流是杭州历史发展的见证，而河流上的桥梁，演绎着一个又一个精彩的故事，是保存古代灿烂文化的长廊、博物馆和百科全书。吉庆桥的故事就是杭州大运河上一个脍炙人口的传说。旧时的吉庆桥在杭州城东的彭埠镇，那一带有座城门叫作“坝子门”，是杭州十座城门中的一座，因杭州各大小河道与大运河再次交汇而闻名，在古代河流港口相互交叉，水网相连，所以也有很多桥。当时河上有八座大小石桥，青龙、吉庆位于东边，清风、明月位于南边，豆腐、曹家位于西边，普福、莲花位于北边，这八座桥不仅名字典雅，其历史文化气息也颇为浓厚。关于吉庆桥曾经有这么一个传说：

相传旧时每到清明时节，彭埠一带的人们就会相约结伴到半山娘娘庙去烧香“挤蚕花”。什么叫“挤蚕花”呢？就是去半山赶蚕花庙会，让半山娘娘保佑今年的蚕宝宝养得好，茧子产量高，蚕花十二分。这是一件大事情，所以家家户户都非常讲究。彭埠到半山有二十多里路，每年人们总是摇着船去，再坐着船回来。但是半山桥边的船埠头很少，各地赶来的香客为了抢埠头靠岸，常常争先恐后，因而造成不少的冲突事故。

据说在当时，城里有一帮富家子弟，强占了半山桥的头一号埠头，欺行霸市，无恶不作，并且不许其他船只靠岸。日复一日，年复一年，这竟然形成了一种规矩。去彭埠参加庙会的香客见此，终于忍不住内心的怒火，于是就在这一年的清明节，请了彭埠附近的两个力大无比的村民——华八百和张千斤，决定趁这次庙会的绝佳时机，把半山桥的“头埠”夺回来，并好好惩治下这群纨绔子弟。

华八百是华家道地人，不但力大无穷，而且嫉恶如仇，爱打抱不平，无所畏惧。张千斤是彭埠以东张家门堂人，生得腰圆膀粗，孔武有力。两人受众乡亲之托，带了一船香客，早早地摇到了半山桥。等城里的这一群无赖赶到时，彭埠的香客船早就停在头号埠头。这些纨绔子弟哪里肯罢休，想凭借人多的优势，准备一哄而上，大打出手，不过只见张千斤和华八百站出来大声呵斥道：“好！我们就让给你们。”

话音刚落，二人一齐伸手抓住船头，用力一挥，竟然将一整条大木船拉到了岸上，把这帮富家子弟吓得瞠目结舌，一声不响地溜掉了。

随后张千斤和华八百二人烧好了香，还好了愿，闲步走到后山，只见一大群人围在一起。过去仔细一瞧，原来是几位石匠师傅在凿石头。有位石匠师傅指着一块长长的大青石条和两块青石板说："哪位能人异士能够将石板抬到山下，就把这石板奉送给他。哪位仁兄胆敢一试？"众人你看看我，我看看你，面面相觑，谁也不敢上前去试试。张千斤见此情景，毅然走进了圈里，一个扎实的马步，将这块一千多斤重的青石条往肩上一扛，噔噔地往船埠头走去。华八百也不肯落后，向石匠师傅借了一根杠棒，将另外二块长石板挑起就走。

这二人把石板轻轻松松运回了彭埠，但用途呢？说来也巧，原来彭埠东面有座"诸福庵"，香火旺盛，香客络绎不绝。美中不足的是，庵前面有条小河，但凡老百姓来烧香，都不得不绕道而行，十分不便。于是张千斤和华八百就用这三块石板在"诸福庵"前造了一座石桥。有了桥之后，大家都说这座从半山娘娘庙背过来的桥，不但给我们带来了方便，还带来了吉祥，于是为其取名"吉庆桥"。虽然吉庆桥现在早已改造，但张千斤、华八百造桥的传说一直流传在彭埠一带。

八、潮王桥潮王传说

京杭大运河上的潮王桥，坐落在现今杭州拱墅区潮王路的运河之上，这是一座因为当地潮王的神话传说而建造的桥。古代民间认为潮水中汹涌的恶浪，都是因水中妖魔作怪所致，所以往往建造神像驱魔。潮王桥两侧桥墩上的四尊潮王石像，有的昂首屹立，有的以鲤鱼精作为坐骑，手持降妖宝叉，威风凛凛地怒视着河心，就像要随时与水中的妖魔一拼高下似的。

相传潮王本名叫石瑰，是唐穆宗长庆年间的一位义士，为人非常仗义，疾恶如仇。当年这里的潮水经常泛滥成灾，致使农田被淹没，恶水横流，百姓们深受其害，苦不堪言。石瑰看在眼里急在心中，决心要与水中妖魔拼个死活。只见他大吼一声，面对卷石滚沙的潮头，义无反顾地跃入水中，用魁梧的身躯挡住了不羁的狂潮，并一次次抢救出了百姓的牲畜和财产。

但人毕竟只是血肉之躯，最后石瑰还是被无情的潮水吞没了，人们敬重他、怀念他、感激他，十里八乡的百姓纷纷表奏朝廷，颂扬他的伟大功绩。皇帝听了之后十分感动，封石瑰为潮王，乡亲们更是为他塑像建桥，决心要世世代代铭记这位顶天立地的大英雄。

潮王桥不仅是一座勇士的桥，还是一座爱情的桥。在杭州，潮王桥或许可与断桥、长桥、西泠桥并称为杭城四大爱情桥。这源自一个和潮王桥有关的爱情故事。故事的男主角叫乐和，出身于南宋钱塘门外一个小商人家庭。乐和小时候与小他一岁的喜顺娘同在一个私塾读书。有同窗开玩笑说："喜乐和顺，合是天缘。"乐喜二人听后，竟私订终身。后来乐和回到父亲身边，两人因此不得相见。直到三年后的清明节，二人才在西湖上隔船相望了一回。那时十四岁的顺娘，已是个出水芙蓉般的少女，这一见更是令乐和失魂落魄。回到家后，他便一心想着顺娘，茶饭不思。他连夜在一张桃花笺上写了一首诗："嫩蕊娇香郁未开，不因蜂蝶自生猜。他年若作扁舟侣，日日西湖一醉回。"第二天一早，他就来到喜家门口，却始终想不出办法把诗送到顺娘手里。正当不知如何是好的时候，突然听到从身边走过的人在说潮王庙很灵验。于是，他决定向潮王求助。在庙里，乐和很虔诚地烧香祝祷，一不留神桃花笺从袖中掉进旁边的化纸炉中。待他急忙捡回，已烧得只剩个“侣”字。乐和心想，侣有两口，乃成双成对之意，是个吉兆，便满心欢喜地在庙里游赏起来。当他走到一个碑亭前，突然看见一位老者，衣冠甚古，手握一把写有“姻缘”的团扇。乐和上前作揖：“翁能算姻缘之事乎？”老者回答能算，便问了乐和的生辰八字，屈指算了一会，然后说：“你的妻子将是熟人，不是生人。”乐和说：“实不相瞒，我心上正有一熟人，不知缘分如何？”老者没有回答，只是让乐和跟他到一口八角井边，才说你往井里看看就能知道有缘无缘。乐和把头往井口一伸，只见井内水势汹涌，像白浪滔天的汪洋，却又透明如镜。内有一美丽女子，十六七岁，紫罗衫杏黄裙，绰约而立，甚是可爱。定睛一看，竟是顺娘。乐和无比激动，急忙想要拉她，却一不小心掉到井里，大叫一声，猛然惊觉，原来他竟在碑亭内睡着了。乐和醒来后，看到碑文上写着“其神石瑰，长庆间(821—824)竭家资，筑塘捍水，没为潮王”，才知道刚才梦中所见老者原是石瑰。乐和回家后便将此事告诉父亲，希望父亲能够请媒人前往喜家提亲。然而乐父说：“姻亲一事，须要门当户对。咱家靠一点小买卖过日子，人家是名门大户，怎么肯把女儿嫁到咱们家？”且说那年农历八月观潮会，钱塘江边人山人海，乐和沿江逛了许久，终于在一个席棚中找到喜氏一家，可两人只能相视凄惶不得亲近。突然江边人群骚动，呼声鼎沸。原来这一年的潮势特别凶猛，数丈高的水墙顷刻间就越过江岸，直打到岸上高处。观潮的人们纷纷后退，混乱中顺娘一个不小心坠落于水中。乐和一见赶忙向顺娘扑过去，仓皇中也被潮水卷了进去。等到人们救起，已是两具相互拥抱着的尸体，叫也叫不醒，分也分不开。乐父赶到后大声痛哭：“儿生不得吹箫侣，死当成连理枝耳。”又将其子对顺娘的爱慕之事，一五一十地说出。喜父亦跌足道：“如果能活过来，一定成全他们！”谁知乐喜二人竟渐渐睁开眼睛。喜父见此，心想必有神灵保佑，便不敢违背自己的诺言，择了吉日为两人完婚。

对于这段姻缘，时人都说是潮王成全，曾有诗云：“少负情痴长更狂，却将情字感潮王。钟情若到真深处，生死风波总不妨。”这段美丽的传说一直流传。如今在潮王桥下两侧桥墩上，刻有关于古潮王桥历史传说的浮雕，桥上雕栏与纹饰无不显示着“潮”的主题，用瑰丽的细节展现后人对于潮王的敬意。

九、天下第一哑巴弄

据说乾隆皇帝南巡，有次微服私访来到钱塘县运河边，走到大关桥边的一条弄堂里，只见一座蛮有气势的大宅，两扇高高的黑漆大木门前两只石狮子威武地立在那里，大门上方门楣上挂着一块大大的金匾，上书“天下第一家”五个字。

乾隆皇帝看了后哑然失笑，心想：好大的口气，如论权威，唯我天子；论财富，数我皇帝！唯我可称天下第一家。区区一个小老百姓，竟敢如此狂妄，今天我非要教训教训他不可。于是，叫太监通报，谎称有江南首富沈万三拜见。

一会儿工夫，只看见出来一对二十多岁的年轻小夫妻，笑嘻嘻挺有礼貌，请乾隆到正厅稍坐。乾隆还没等坐下就急忙问："你家为何称'天下第一家'？"小两口四下里看看，有点尴尬地说："客官如问此事，小的实在不晓得。让小的去问问我们的父母大人。"乾隆听了点头允诺。过了一会儿，从门后面出来一对年纪四十左右的夫妻，当他们听了乾隆要问的'天下第一家'的来由时，也说不出其因由，说："抱歉，我们去请教我们的父母大人。"不一会儿，又出来一对六十多岁的夫妻，当他们得知乾隆请教之事时，同样回答不出，便说道："须要请教父母。"同样过了一会儿工夫，又走出一对九十多岁的老夫妻，但这对老夫妻还是回答不出来，说要去请其父母解答。这时，只见一对白发苍苍的老夫妇拄着拐杖走了出来，年纪有一百多岁，笑眯眯地说："客官，你有啥事情要问？"乾隆不屑一顾地说："论权，天子最大；论势，天子最威；论福，天子最高；论财，天子最富。老丈你门前那块匾上为什么称'天下第一家'？如此狂妄，令人不解，故特意登门请教。如若说得有理，我当心服口服；如若说得无理，不要怪我当场砸匾！"

白发老翁听了，哈哈大笑，答道："权有失时，势有败时，福有尽时，财有空时。我敢称'天下第一家'，非论权、势、福和财。我们一家五代同堂，而且每代都是结发夫妻，试问一下客官：普天之下，你能寻找出像我们这样五代同堂，代代结发的人家吗？非老夫狂言，实在是客官见识短浅井底之蛙。"这一番话，把乾隆皇帝说得面红耳赤，哑口无言。民间的这个传说是真是假无从考证，但大关桥边的这条弄堂，不知道何时被称为"哑巴弄"，或许和乾隆皇帝被问得哑口无言、一句话也说不出来有关吧。

十、永福桥和御道村

在彭埠镇云峰村与其西面章家坝村交界的地方，有一座小桥，名叫"永福桥"，由桥向南走的这条路叫作御道。

相传乾隆皇帝下江南，一路游山玩水来到杭州，正好是阴历八月半，碰上看钱塘江潮水的日子。这乾隆皇帝生性风流、喜欢探幽寻奇，到了杭州，就一定要去钱塘江边看看钱塘江潮水。杭州知府生怕在皇帝去看潮的路上出差错，就命一班手下出城先去探路。差役们经过一天的寻访，选好了一条路，从庆春门出发，沿高塘（今称钱塘江的备塘）、经青龙闸，一直去江边。差役回府向皇帝作了禀告。乾隆皇帝听到云峰村有座“青龙闸”，脸色陡然大变。因“闸”和“铡”谐音，乾隆皇帝认为这地方连“青龙”都要“铡”，感到不吉利，一定要绕开“青龙闸”。但是当时去江边必定要经过“青龙闸”，无他路可走，无奈皇帝心意已决，说到要做到，杭州知府立即命石匠在青龙闸附近造了一座小桥，辟了一条向南改道的新路。文武百官动用了当地百姓，从里海塘落塘往东南方向，穿过桑园、沙地，筑起了五马并驰的临时大道。

后来，这路没有再被拆掉，因这条路是专为皇帝开辟的，所以就被称作御道，乾隆皇帝经过的这座小桥称为“永福桥”。

当时乾隆改道走御道时，这里还是海涂沙地，零星地散落着几户草舍人家。自从乾隆走过后，用现在的话来说是带来了极旺的人气，人慢慢多了起来，渐渐形成了村落，便是御道村的前身。

第六章　运河南端的古刹钟声

一、龙兴祥符戒坛寺

说起杭州大运河边的寺院，龙兴寺是必须要提及的。龙兴寺位于古钱塘门和武林门之间，靠近大运河，在杭州是一个颇有影响的寺院。其初建于南朝梁武帝时，由钱塘人鲍侃舍宅为寺，所以名为“发心寺”，其后曾改名“众善寺”“中兴寺”等，到唐朝神龙三年（707）定名龙兴寺。论其年代，是杭州历史上早期寺院之一，自隋唐以来渐渐成为一家规制宏大的寺院。五代时吴越国钱俶在这里立戒坛，龙兴寺又被称为“戒坛寺”，北宋初期大中祥符年间又改名为“大中祥符寺”，所以杭州历史上的龙兴寺、戒坛寺、祥符寺，三寺原本一寺，到了清朝光绪年间就合称为“龙兴祥符戒坛寺”了。

龙兴祥符戒坛寺不仅历史悠久，地理位置在钱塘城中也十分优越，其负有盛名的另一个原因，是历史上曾经有过许多著名的法门龙象，比如隋朝名播江南的高僧真观、唐代径山寺开山祖师法钦、宋初编修《大宋僧史略》及《宋高僧传》的赞宁、华严八祖晋水净源等都曾在此驻锡。因为龙兴寺是蔚然大寺，所以历史上也很受达官贵人关注，众多名人雅士往来都曾有所题咏，如白居易、苏轼、曾巩等。唐朝著名诗人綦毋潜在《宿龙兴寺》诗中写道：“香刹夜忘归，松青古殿扉。灯明方丈室，珠系比丘衣。白日传心静，青莲喻法微。天花落不尽，处处鸟衔飞。”古代名人雅士常在龙兴寺观灯，如曾巩《钱塘上元夜》诗中写道：“月明如昼露叶浓，锦帐名郎笑语同。红云灯火浮沧海，碧水楼台浸远空。”苏轼的《祥符寺九曲观灯》：

纱笼擎烛迎门入，银叶烧香见客邀。
金鼎转丹光吐夜，宝珠穿蚁闹连宵。
波翻焰里元相激，鱼舞汤中不畏焦。
明日酒醒空想像，清吟半逐梦魂销。

历史沧桑，龙兴寺曾几度毁坏重建，如今古寺虽然已经不存，但值得庆幸的是，唐朝所建的龙兴寺经幢幸免于难，得以保存到今日。龙兴寺经幢自建迄今已有1 100余年历史，是杭州城中留存最早的古迹之一。整个经幢身高176厘米，共有八面，面宽为27厘米，额题上有篆书十六字："佛顶尊胜陀罗尼微妙救危济难之宝幢。"其下刻《佛顶尊胜陀罗尼经》。经幢凸显佛教因缘，其艺术与建筑造诣极高，堪称文物中的瑰宝。

千百年来，龙兴寺经幢也曾屡遭天灾人祸，相传后梁乾化五年(915)五月八日，有头陀僧道重修经幢时，其内藏舍利子54颗，用琉璃瓶密封盛藏；元朝治至元年(1321)修葺后，经幢曾经一度久没民间，直到明代崇祯九年(1636)，忽在夹墙空堑中放光，于是居中之人舍宅重建，遂能因兴前缘。1998年9月，杭州市政府决定对龙兴寺经幢实施保护修缮，并对覆盖

经幢的亭子加以重建，四周辟为花园。2013年3月5日，龙兴寺唐经幢被国务院确认为全国重点文物保护单位。如今，龙兴寺经幢已经成为杭州城中一处人文景观，在龙兴祥符戒坛寺的文物遗迹中，分明可以感受到历史演变的沧桑沉浮。

二、古运天厨香积寺

在我国的传统文化中，佛教文化是一个极重要的组成部分。作为我国传统文化重要载体的大运河，其沿途融会多种宗教文化，香积寺就是其中之一。香积寺历史悠久，被誉为“运河进杭第一香，湖墅市井风情地”。

香积寺位于运河边的卖鱼桥附近，始建于宋太平兴国三年(978)。原名兴福寺，于北宋大中祥符年间更名为“香积寺”，据传为宋真宗所赐。据《西湖游览志》和《武林梵志》记载，当年寺门前的大运河，每天千余船只往来交通，晚上灯烛通明，是杭嘉湖一带信教群众从运河到灵隐、天竺朝山进香的必经地。元朝末年香积寺被一场大火烧毁，后来又重建多次，但最终还是被毁掉了。清康熙五十二年（1713），香积寺内建了两座石塔。1963年双塔被列为市重点文物保护单位。1968年西塔被毁，仅存东塔，现为省级重点文物保护单位。2009年香积寺重建，依旧是运河畔的一颗明珠。天王殿、大圣紧那罗王殿、钟鼓楼、大雄宝殿、藏经阁等也被复建，并根据原香积寺石塔样式，复建了西塔。其中大圣紧那罗王殿、钟鼓楼与雷峰塔一样采用了铜制建筑，这可能成为杭州复建古建筑的一种偏好。

重建的香积寺，无疑是杭州最新的一座寺庙。门前的广场很是气派，比杭城的其他几座大寺庙都更有气势，地砖、牌坊以及门前的石象都是新建的。金水桥下的放生池微波荡漾，牌楼端庄大气，石塔矗立挺拔，广场开阔宽敞，一切都是崭新的，如果不是广场两侧依然矗立的清代石塔，几乎已经看不出历史的痕迹。

踏进香积寺大门，或许因为是炎热的夏季，寺庙里比较冷清，只有零星几人，点香，叩拜，轻声地吟唱，在佛前许下心中的愿望。从没见过一个寺庙如同新香积寺一般，简直可以说是一个铜的艺术品。走进庙门，便是一座供奉香积寺主神紧那罗王菩萨的庙堂。殿内殿外，目之所及，没有一处木质材料，门窗、柱子、楼梯全部用铜包裹着，连屋顶的瓦片都是铜做的。所有的铜品都经过了预氧化工艺处理，平添了不少久远与厚重感。

与其他寺庙不同，香积寺主供大圣紧那罗王菩萨。大圣紧那罗王菩萨又名紧那罗(Kinnara)，意为“音乐天”“歌神”，是佛教天神“天龙八部”之一。因其似人而头上又长角，所以被称为“人非人”。紧那罗还有男女之分，男性长一马头，女性相貌端庄、声音绝美。少林寺尊其为护法伽蓝，又称其为“监斋菩萨”。此外，紧那罗还是杭州的“灶侍菩萨”。至于紧那罗到底是音乐神还是厨神，目前还没有弄清楚。或许在印度原为音乐神，到了中国又兼起了厨神。香积寺的大圣紧那罗王殿位于天王殿之后，大雄宝殿之前，位置特殊。殿内供奉着背对背的两尊铜像，前面是高大威猛手持短棍男相的紧那罗王；背后是面相慈祥端庄、手持琵琶女相的紧那罗王，雕刻精细、漂亮，栩栩如生。独特的玻璃穹顶设计，恰如其分地将自然光照射在铜像上，显得菩萨像自然而庄重。

香积寺其实并不大，三层殿堂，一会儿便能逛完了。走在其中，淡淡的檀木香味如丝般滑进鼻腔，沁人心脾。在一门之隔的高墙内，似乎连空气都清爽了许多，没有了盛夏的焦躁和不耐烦。走出香积寺，寺庙周围就是住宅区和马路。一墙之隔，便是大兜路历史街区，如今的杭州著名美食街。沿着丽水路往北，是胜利河美食街。

说起美食街和香积寺的关系，其实还颇有些意思，有着一个美丽的传说。传说在元朝，紧那罗曾化身为少林寺厨房里的火头老和尚，持三尺拨火棍打退围寺的红巾军，被少林寺尊为菩萨。在比较大的寺庙里，厨房通常就叫香积厨，因而香积厨、灶王爷和香积寺之间有着很深的渊源。这样算下来，在身处闹市的香积寺边上出现一条热火朝天的美食街，就一点儿也不稀奇了。在这里开饭馆的人自然是希望灶王爷保佑生意兴隆，而来这里吃饭的人，不知不觉中或许也就敬拜了一回灶王爷了。

每当饭点，杭州四面八方的食客就会汇聚在这里，代表杭城知名连锁大牌餐饮企业的外婆家、川味观，杭帮菜知名代表老头儿油爆虾等一众餐饮店已经遍布香积寺周围的街角巷尾；饭馆门口排队等号吃饭的长龙也比比皆是，一时间觥筹交错，热闹非常。香积寺所在的湖墅一带，原本就是市井繁华之地。运河边这座寺庙香火旺盛，但环境优雅，在周边喧哗的市井中显得格外不同。

夕阳下，走出香积寺，恰巧看到天边难得地挂着一道彩虹，仿佛让人又依稀看到了当年“运河第一香”那熙熙攘攘的繁华。

三、湖墅一带的古迹

作为大运河的最南端，拱墅区依水而居、因水而兴，千百年来，留下了众多的闸、塘、坝、码头、老厂房等历史文化痕迹。而谈及湖墅一带的古刹，就不得不谈到香积寺。它曾是大运河湖墅地区著名的寺庙——当年大运河上船只往来繁忙，香积寺是通过运河进入杭州的第一座和离开杭州的最后一座寺庙，也是杭嘉湖一带佛教信徒从运河到灵隐、天竺朝山进香的必经地，所以它在运河及杭州佛教界拥有很高地位。

除香积寺外，2014年6月26日，杭州拱墅区推出第二批历史文化遗存，对包括卖鱼桥在内的13处遗址进行保护和展示。其中，在卖鱼桥原址旁的信义坊东广场的地砖上还镶嵌了圆形铜雕，上面“0公里”的印记无声地宣告：这才是老底子卖鱼桥遗址所在地。卖鱼桥，旧名归锦桥，据《湖墅小志》记载，夏时正以大理寺少卿，平生风骨高骞，不随俗流。人称他“身如五柳先生懒，心比孤山处士清”。退出官场后，衣锦还乡，居此桥边，故有“归锦”之说。

至于卖鱼桥始建于何年、原始桥型何样，则无文字记载。据现在的文字资料，1927年卖鱼桥被改建成混凝土平板桥，1953年和1966年先后两次重建。现今的卖鱼桥是1996年湖墅路整治拓宽时，整体拆除重建的，桥长11.7米、宽40米。由于西侧建造信义坊商街，其桥本身的特征有些淡化了，所以不少人误以为横跨运河的江涨桥就是卖鱼桥。早在隋唐时期，随着京杭大运河的全线贯通，湖墅地区已经是杭州重要的货物集散地，大街小巷店铺林立，以舟当车，以船代步，以埠为库，以岸为市。

运河岸边的珠儿潭、米市巷作为杭嘉湖地区的大米集散地，素有“天下粮仓”的盛誉。可以说，在农耕文明时期，湖墅地区为世人展现了一幅繁华的“运河上河图”。卖鱼桥一带自古繁华，“卖鱼桥”不仅是单一的桥名，它还是杭城古代具有较高知名度的区域名称，并辐射周边地域。到了清朝，卖鱼桥更是热闹，嘉庆年间的魏标在《湖墅杂诗》中写道：“卖鱼桥下水平矶，鹅炙新鲜嫩又肥。五界庙前春戏散，蜜橙白果买包归。”

这首诗惟妙惟肖地描述了晚清卖鱼桥一带的春日盛景：春水一直漫到河边突出的石头上，西边的古刹前，人潮涌动，肥美喷香的烧鹅、新鲜出炉的白果糕，怎能不让人流连忘返。也就是在那个年代，每到蟹肥时节，自江淮而下鱼蟹满舱的渔船，许多都停泊在霞湾巷的埠头，造就了杭州运河边又一个重要的螃蟹集散地，“蟹舟弄”也因此得名。

民国年间，卖鱼桥北运河边兴建轮船马头，大兜路上有大小渔行20多家。20世纪六七十年代，做鱼生意的船晚上就停到卖鱼桥，把河道挤个满满当当，船上亮着灯，河水映着灯火，夜景动人。而每天凌晨3点多，是卖鱼桥一天当中最热闹的时候。杭州的多个菜场和饭店，都派人来买鱼，三轮车、小卡车挤在一起，嘈杂又有活力。

1984年左右，水产品不再统购统销，开始由市场定价。1986年左右，卖鱼桥、南星桥、艮山门这三个水产品市场逐渐退出历史舞台。为了传承千百年来的历史文化气息，湖墅还推出了“精彩湖墅”系列活动，比如，首届“大运相伴，和爱一生，大运河湖墅婚典”、首届湖墅市井文化艺术节等群众喜爱的文体活动。这些活动也为如今的湖墅注入了新的活力。

四、圣因妙行接待寺

漫步在杭州拱墅区文一路与湖墅路交叉口一带，如果你足够细心，就不难发现那一道虽不起眼却独到的风景——圣因接待寺遗址。它被周围的部分企业、一片住宅用地和一家超市围绕着，很容易被人忽视。但如果你是一个对运河文化和历史遗存充满兴趣的有心人，遗址石块上仅有的几行介绍文字也能成为你深入了解它的窗口。

尽管圣因接待寺对大部分人来说都很陌生，但它可大有来头，因为它曾经是“湖墅首刹”。圣因接待寺又被称作妙行禅寺，在宋朝大观年间(1107—1110)初步建成，很难想象这块小小的遗址在历史上曾具有宏大的规模。它北起左家桥西，通往长街，向南至山门井墙，往东至清水潭，西至龚家地，曾是京杭大运河通入杭州城的重要咽喉要道，地理位置极其重要。

圣因接待寺在历史上的发展可谓是十分曲折，命途多舛，还带有一丝传奇色彩。根据《杭州府志》的记载，在宋徽宗时期，有一个叫思净的和尚离开家乡，踏上了学佛的道路。他出家以后一直在接待寺接待游方行脚的云水僧，其数量达到了三万之多，“接待寺”由此得名。思净禅师也因此成为寺庙的住持。南宋建炎三年（1129）十二月金兵攻陷临安时，接待寺第一次遭到损毁，随后绍兴初年思净重新修复。元朝末年，接待寺在战乱中毁于大火，又于明朝宣德年间重建。从元至明经历了多次废兴。清朝康熙皇帝第四次南巡时，接待寺的住持在苏州迎驾，康熙皇帝御书“圣因”两字，又赏赐了一部御书心经、一轴心经塔，被后世奉为镇寺之宝。“圣因接待寺”由此得名。清朝雍正年间，接待寺募集资金铸造了两口千人大锅，以便在饥荒之年救济灾民，接待寺因此获得了朝廷的匾额表彰。

据说在明清时期，曾经有一个工艺精湛的造钟师傅一口气铸造了两口大钟，他把其中的一口钟献给了京城的皇帝，把另一口送到了接待寺。没多久，神奇的事情就发生了：只要接待寺里的钟声一响，那只远在京城的皇宫里的钟在没有被敲击的情况下也跟着响。因此有人说这两口钟具有灵气，能彼此感应，是阳与阴、雄与雌的关系。众人惊愕，皇帝也倍感稀奇，认为这是世间难得的珍宝，希望将这两口钟合为一体，于是下令将接待寺的钟也转运到皇宫里来。知府接到圣旨，计划着从今杭州的清水潭出发，将接待寺的钟沿着水路运往京城，可谁知在搬运的过程中，钟突然掉进了水里，怎么捞也捞不起来，许多能人异士为了朝廷丰厚的奖励自告奋勇想要一试，但均以失败告终。当时寺里的住持说这口钟灵性非凡，不可小瞧，不过有个办法或许可以一试：找到同一个母亲生的十兄弟来捞或许可以奏效。后来真的来了十兄弟，但是在捞钟眼看快要成功的时候，这钟似乎能洞察天地、掌握一切，又莫名其妙地突然滑落，沉到水底。后来才知道这兄弟里面有一位是母亲的女婿，并不是严格意义上的一母之十子。更令人匪夷所思的是，从此之后，这片水里再也看不见这只钟的任何踪影，而且这一片水也变得清澈见底，后得名“清水潭”。

五、东皋心越的禅院

提到上塔伏虎禅院，就不得不提起一位对日本文化产生过重要影响的人物。唐代鉴真和尚东渡日本，传播中国文化的故事，家喻户晓，但是在浙江，也有一位东渡日本传播中国文化的和尚，却鲜为人知。他是继唐代鉴真和尚之后，再为中日文化交流作出重要贡献的高僧，他就是东皋心越。

东皋心越，法名兴俦，俗姓蒋，字心越，号东皋，浙江浦江人。8岁在苏州报恩寺削发出家，这时正是清兵攻陷南京、挥师江南的时候，心越禅师的长兄蒋挺在抗击清兵，心越的父母为保留血脉，把他送到了很远的苏州。但是进入佛门以后，抗清的种子已经在他心里种了下来。他长大后，又参加了南明政权抗清的活动，最后在福建抗清失败回到了浙江，投奔位于杭州皋亭山半山腰的上塔伏虎禅院，当时的主持叫阔堂大文。两年后，他继承了阔堂的衣钵，成为中国佛教曹洞宗寿昌派的第35代传人。清康熙十年（1671），受杭州永福寺主持的邀请，心越驻锡永福寺。杭州永福寺得以重修，很大程度是为了纪念东皋禅师。

清康熙十五年（1676），日本长崎兴福寺第四代主持澄一道亮久慕心越

之名，邀请心越赴日担任兴福寺主持。是年秋，心越东渡日本。从心越踏上日本国土，直至客死日本，共19年。心越是一位多才多艺的高僧，能书善画，工于篆刻，长于抚琴，吟诗作赋，下笔成文。他在日19年，对日本的文化、艺术、佛教产生了深刻的影响。在日本，心越禅师一边弘法，一边授艺，求教者接踵而至，声名远播，被尊为篆刻和古琴之祖。其中，功绩最大的，当数琴道。东皋心越对日本文化产生了深远影响，推动了日本古琴音乐的发展。他被奉为日本“篆刻之父”“近世琴学之祖”，《东皋琴谱》如今在日本多次再版。

东皋心越禅师的释法地上塔伏虎禅院始建于宋，清康熙年间重建，于1970年被拆除，遗址现位于杭州皋亭山西面的半山腰处，今天的皋亭山，当初的简称叫东皋，心越禅师的名字便由此而来。上塔伏虎禅院成了他开宗立派的祖庭。东皋在这里踏上了他新的佛学和艺术之路，这段经历深深地影响了他的琴乐、篆刻、书法、绘画、诗歌等的创作和传播。曹洞宗为佛教禅宗南宗五家之一，由于其创立者良价禅师在江西宜春的洞山创立此宗，其弟子本寂又在江西抚州曹山传禅，便被称为曹洞宗。无明慧经（1548—1618）禅师中兴禅道于江西新城寿昌寺，后人称此禅派为“曹洞宗寿昌系”。曹洞宗至今仍是日本佛教第一大宗派，有15 000座曹洞宗寺庙，800万曹洞宗信徒，寿昌系则为曹洞宗最重要的一脉，由此可知东皋心越以及上塔伏虎禅院在佛禅传承中的非凡地位。

东皋心越担任住持的皋亭山显孝寺后来改名为上塔伏虎禅院，传说中这还与北宋皇帝赵匡胤有关。当年的皋亭山还有虎狼等野兽，经常跳出来伤人，当地村民常遇凶险。某天，有人在此寺前与老虎相遇，老虎欲扑上去撕咬，但此人正是伏虎禅师（北宋高僧，善以慈悲之力驯服虎豹）化身的。伏虎禅师说，我是信佛的，所以不杀你，但你以后也不能再伤人了。从此这里的老虎果然不再伤人。太平兴国元年（976），赵匡胤赐封显孝寺为上塔伏虎禅院。上塔伏虎禅院至今仍未重修，只竖立了一尊简朴的遗址石柱，石柱后面是当地信徒新建的禅院最后一任住持惠文法师以及宏一法师的墓茔。昔时的一切无须再由今人悉数重现，我们只需铭记东皋心越禅师所做的一切，并把他的成果传承下去，便不负他的牺牲和奉献。

六、古运河边德政寺

德政寺，原名正德禅寺，明武宗正德年间，为避讳而改名。原建于如今的中心学校，现处在德清县大麻镇（今划归桐乡市）的东北部，北与京杭大运河相距，声声木鱼，阵阵钟鼓，男女信徒，鼎盛香火，真不愧是远近闻名的水乡古寺。然而令人感兴趣的是，一个小小的村落大麻镇，为什么会建造一座如此规模的寺院呢？“正德”二字又是从何而来呢？

北宋南迁，康王南渡建都临安（今杭州），皇亲贵族、中原士大夫等纷纷定居江南。从此以后，江南地区政治经济快速发展，小小大麻村也逐渐发展成集市。南宋第二代皇帝孝宗的叔祖、安定郡王赵令譮在此建寺，是因为太后等人信佛，希望佛祖保佑宋朝江山，加之地理位置距临安不远，靠近运河，交通便利，且周边也没有可以供香民供奉的寺庙。而“正德”二字正是由于这位皇叔祖痛感于宋朝风雨飘摇的地位、痛失半壁江山的惨状、前代帝王的屈辱遭遇，认为皇家不能失德，必须“正德”，才能坐稳江山。

德政寺的前面有一座桥直通山门，进门便是大殿。殿宇壮观气派，里面供奉着金光灿灿的如来、文殊、普贤坐像，他们神态自若，静坐于精致的莲花宝座上，令供奉的香客肃然起敬。大殿后是清乾隆年间修建的“苇渡堂”佛堂，为乾隆二十年（1755）春吴云从所书，并盖有御印。除此以外还有禅宗堂，是明嘉靖年间，由大麻镇崇益村朝西埭金青莲所建。明中期至清初，是德政寺的鼎盛时期，僧人众多，寺产丰饶，寺院兴旺之极。由于清朝末期列强侵略、政府腐朽，德政寺逐渐衰落，到民国时期，只剩前殿、苇渡堂以及年久失修的零星佛堂僧舍，寺后大片瓦砾废墟，寺前杂草丛生，一派萧条景象。寺前的清池漾畔，有个规模很大的坟墓，为大麻金氏祖坟。坟墓的北边，立着两棵高大的银杏树，仿佛在诉说着寺庙的兴衰变化。清池漾东岸的松树林中，还有僧人石塔五座。

到了20世纪50年代初，乡人们把德政寺残余破败的房屋整修一番，办起了一所完全小学，当地人称“到德政寺去读书”。虽然这个时候德政寺已然不存在，但是“德政寺”这个地名却仍在传播。

随着新中国教育事业的蓬勃发展，完全小学在德政寺的基础上不断扩建，发展出了初中，再到后来的大麻中心学校。沧海桑田，德政寺原址早已荡然无存，成了它的前世。而这一地区的原地名也渐渐地淡出，成了历史地名。

有感于对历史的追怀，民间人士于20世纪90年代初募捐，经市民族宗教事务局批准，在德政寺旧址偏西北、京杭大运河南岸，原吴王庙旧址上重建德政禅寺，后逐年扩建，业已建成天王殿、大雄宝殿、观音殿、禅房及放生池等，并于2000年对外开放。虽然规模定不能和以前相比，但寺庙得以重现，未尝不是一件喜事。

七、塘栖古寺觅旧踪

塘栖古镇历史悠久，是京杭大运河南端的一颗璀璨的明珠。

塘栖作为曾经的江南十大名镇之首，是浙江大地上古老而又充满生气的典型水乡名镇、大镇之一，它的历史可以追溯到北宋，京杭大运河穿镇而过，是苏、沪、嘉、湖的水路要津，各个朝代以来，塘栖都是杭州市的水上门户。

郁达夫曾说过，塘栖镇跨在一条水的两岸，水南属杭州，水北属德清；商市的繁盛，酒家的众多，虽说只是一个小小的镇集，但比起有些县城来，怕还要闹热几分。丰子恺也曾赞叹过江南佳丽地，塘栖水乡是代表之一。

最早记录塘栖发端以及最有力的证据则是史志中所记载的那些古代寺院。古代塘栖寺庙众多，因而留存下来的关于寺庙的诗文也很多。宋嘉定年间，周弼的《端平诗隽》中收录有《留题唐栖寺》一诗，这说明800年前的塘栖曾经存在过一座名叫“唐栖寺”的寺院。虽然它的旧迹无从考证，但是却向世人展示了塘栖800年前的繁华与寺庙历史之悠久。清王同《唐栖志》卷七《梵刹》记载了更多塘栖的寺院，其中规模较大的有大善寺、清流寺、资庆寺三座。

在这三座寺院中，历史最为悠久的是大善寺。南宋《嘉泰吴兴志》卷十三《寺院》德清县词条下记载，早在1470年以前，没有史书记载的唐栖村就有一座大善寺了。

王同在《唐栖志》里将塘栖四乡的48座寺院按照镇东路、镇南路、镇西路划分出来。其中，镇东路是指从跨塘桥以东至博陆，共有寺庙15座。从规模来看，排名前三的是博陆慧日寺、漳溪（泉漳）显忠寺、纯一院。从修建历史来看，孤林村的广福广安寺最为悠久。镇西路是指以伍林之西至奉口及云会三峰山，共有寺庙9座。从规模来看，东塘普宁院、奉口峨嵋山南的崇圣寺堪居榜首。镇南路是指从镇南界河以南，至超山、独山，包括运河东南为界的地域范围，共有寺庙24座。这一带规模较大且历史最为悠久的寺庙只有青林村的福臻吉祥寺。除此以外，还有青林寺、兴教寺等寺院。福臻吉祥寺在元末被毁坏，明洪武十五年（1382）又重建，洪武二十四年（1391）与泉漳的显忠寺合并。青林村的青林寺，几经兴废，一直存在。中华人民共和国成立后，曾在青林寺中建立小学。后来乡民又集资重建，香火再一次兴旺起来。

塘栖古寺众多，从古至今，几经兴废，虽然它们留存下来的并不多，但是我们从史料中依稀可见当年寺院之繁多，香客往来不绝，江南水乡经济之繁荣。如今的寺庙，多为古迹之上的重建，虽少了古风遗韵，但仍然寄托了人们的精神追求与对新生活的希冀。

八、崇福寺“无福不得宝”

崇福禅寺俗称西寺，地处浙江桐乡崇福镇中心，镇名也得之于寺名。崇福禅寺始建于南朝梁天监年间（502—519），当时称为常乐寺，宋朝大中祥符年间（1008—1016）改名为悟空寺，天禧年间（1017—1021）真宗皇帝特赐予寺额“崇福禅寺”，从此名声大振，远扬海内外。千百年来，崇福寺几经历史沧桑、人祸战乱，曾几经摧毁又多次复建，经受多番磨难而又得到重生。

作为浙北名寺之一，崇福禅寺鼎盛时僧房殿堂林立，香火旺盛。据史料记载，崇福寺内有“一楼二塔三阁四件宝”。“一楼”是指钟楼，建于元朝延佑七年（1320），在金刚殿东南。悬挂的巨大铜钟重万斤，声闻十里，现存放于杭州灵隐寺内，被称为“元钟”。“二塔”是山门通道旁的两个石经幢，俗称宝塔，建于唐朝乾符年间（874—879）。塔内藏有舍利珠、佛像和金银珠宝等物。“三阁”是指元量寿阁、罗汉堂阁和藏经阁，内有三圣尊像和五百大罗汉，还有许多雕塑、绘画、刺绣等古代艺术品。“四件宝”中的第一件是寺内留存的历代碑刻，有唐朝《无着禅师赞宁碑记》、南宋王厚之临本《兰亭序帖》石刻、陆竣《崇福寺田记》、蔡开《崇福寺藏记》和僧人妙宁的《崇福寺记》碑刻等。第二件宝是历代匾额，如元朝大书法家赵孟頫书《敕赐崇福禅寺》，明朝严世藩书题《祝延圣寿》等。第三件宝是寺内的一口水井。井水清澈，大旱不涸，居民受益匪浅，素有“冰清玉洁井”的美称。第四件宝是一口日本钟，形似古代编钟，长丈许，声音洪亮清越，是日本国天台寺原物，后由国人重金购得，供于寺中。

关于崇福寺还有个“无福不得宝”的说法。据当地民间传说，从前崇福寺里有个金库，藏着九缸金子，十三坛银子。金库的钥匙挂在旁边的一座桥上，这桥叫土仙桥。每逢刮风下雨天气，人们走过桥头，就能听到钥匙叮咚声，但就是摸不着。有一天，有个贩私盐的商人挑着一担盐从这里走过，这时天还未亮。朦胧中，看见一只老母鸡带领八只小鸡在桥上走。私盐贩子放下盐担，拿起扁担，一扁担打过去，其中一只小鸡当即被打死。老母鸡一见，回头在私盐贩子小腿上啄了一口。私盐贩子一低头，发现被打死的一只小鸡变成一只喝酒的小玉杯。私盐贩子高兴极了，他拿到市场上去卖了很多钱，发了一笔横财。谁知被老母鸡啄伤的小腿开始溃烂，而且越烂越厉害，私盐贩子疼得不能动弹，痛苦万分。他只好到处求医拜佛，一直把卖小玉杯的钱全部花光，腿上的伤才慢慢好起来。因此老年人经常说：有福得宝，无福不得宝。

清咸丰十一年（1861），太平军烧毁了这座历史悠久、规模不小的寺院的大部分，只留下金刚殿。据崇福民间说法，寺院是被一个名叫陆财天的人带头放火烧的。太平军打到江南，建立政权。消息传来，陆财天暗里与李秀成派来的人接触，秘密召集拳船上的穷人加紧练武，准备迎接太平军进城。可这些举动被当地地保发现，立即密告钱库司。当天夜里，陆财天被捕入狱，受到严刑拷打。被捕后不久，相依为命的老母亲因过度担忧和饥饿去世，家里的租田也被转租给了别人。拳船上的人将消息告诉陆财天后，他悲痛欲绝，暗下决心要报仇雪恨。咸丰八年（1858）秋，陆财天乘狱中牢头监管不严，越狱逃往南京投靠太平军李秀成。咸丰十一年，陆财天带领太平军进攻石门玉湾镇，攻破城门后直冲到崇福寺，回想自己的遭遇，他一怒之下带头用火烧了寺院。只有又名天王殿的金刚殿幸免于难保留了下来。崇福寺几经磨难，保存至今的金刚殿被列为县级文物保护单位。

九、尉迟恭造仙林寺

仙林寺旧址位于杭州下城，得名于一位名叫仙林的和尚。仙林寺建于唐朝，在近代被改造成了一所小学，后来那里又有了现在的春蕾中学。虽然不再是一个真正意义上的寺庙，但提起仙林寺，还是有一个不得不说的故事。

仙林寺据说造于唐太宗时期，是一座很独特的寺庙。它不像寻常寺庙那样大殿前面有山门，仙林寺的大殿在杭州，而它的山门却远在海宁，为什么会把好好的寺庙建成这样？这就要从下面的故事里寻找答案了。

传说仙林和尚是唐太宗的师父。唐太宗小时候身体不好，体弱多病，他的父亲便让他拜仙林和尚为师，希望能够保佑他平安长大。后来，唐太宗打下天下，仙林和尚便借着自己是太宗师父的身份，让唐太宗为他在杭州建一座大寺院供他养老。唐太宗答应后，便命尉迟恭监造这座寺院，和仙林和尚一同前往杭州。

二人到了杭州后，便开始商量寺院的大小。仙林和尚仗着自己是皇帝的师父，竟然提出要五里大小的地来建寺院，这样一来，五里地内的田地就全都归他所有了。尉迟恭听到后很生气，当然不会同意，并告诉仙林和尚顶多能给他五十丈的地皮来建造寺院，这已经够大了。就这样，两个人为了地皮大小争论了一天也没有结果。

仙林和尚见这样行不通，便搬出皇上的圣旨来，还故意刁难尉迟恭，短短几十个字的圣旨，反复念了无数遍，尉迟恭只能一直跪在地上听着。念完后，仙林和尚质问尉迟恭听清楚了没有，是皇上的旨意要建造“顶大的寺院”，没有五里地怎么能行？原以为这样尉迟恭就会乖乖同意，没想到尉迟恭还是坚持自己的原则，顶多五十丈，不可能再多了。两人又争论了一天，还是没有结果。

第二天，仙林和尚又想故技重施，没想到尉迟恭可是陪皇上一起打下大唐江山的人，哪里会吃他那一套？只见尉迟恭拿出了太上皇赐给他的玉如意，有了它，便不用下跪听读圣旨，反而却要仙林和尚跪着读圣旨。于是，尉迟恭说自己听不清楚，让仙林和尚像前一天一样，把圣旨念了一遍又一遍，只不过这次是跪着念的。这下可把仙林和尚收拾得不轻，不敢再提什么要求，只能乖乖地答应只建五十丈的寺院了。

寺院建好后，尉迟恭就骑马离开了。仙林和尚想了想，还是觉得不甘心，便骑了头毛驴追过去。可是毛驴哪里赶得上尉迟恭的乌骓马，仙林和尚一直追到海宁县才追上他。尉迟恭停下来问他还有什么事，仙林和尚累得气喘吁吁，赶紧解释，原来是寺庙建好了，却还没有建山门，哪有没有山门的寺院呢？尉迟恭听后也觉得有道理，便同意再给他十丈地用来建山门。没想到，仙林和尚还是不知足，竟然要把山门建到五里之外。其实，他就是想利用建山门再圈五里地，还大言不惭地说自己是为了大唐江山的长远，要把山门建得远一点才好。尉迟恭听了之后十分生气，大骂道：难道大唐江山只有五里地那么大吗？仙林和尚以为尉迟恭的意思是，要给他比五里地更大的土地，激动得差点从毛驴上掉下来。还没来得及高兴，便看到尉迟恭下马圈了大约十丈的土地，说山门就建在这里。这下，仙林和尚可高兴不起来了，寺院的大殿在杭州，山门却在海宁，这中间可是隔了一府一县呢，离得那么远，地方再大又有什么用，他哪里能管得过来呢？

最后，仙林寺就成了这样一座大殿在杭州、山门在海宁的尴尬寺院。贪心的仙林和尚不仅如意算盘没有打成，反倒把原本用来给自己养老的寺庙建成了这个尴尬模样，不知道仙林和尚有没有后悔过呢？

十、杭州盂兰盆盛会

如果提到“七月半”，你会想到什么？我相信大部分人的第一反应应该是“鬼节”“中元节”，但是你是否听说过“盂兰盆节”呢？实际上，农历七月十五这天也是佛教里的盂兰盆节，是用来祭祀先祖的节日。这部分习俗与中元节的民间习俗有重合。

众所周知，杭州自古以来就是一个山湖遍地、佛刹林立的地方。佛教文化在杭州的发展可谓是源远流长，杭州也因其丰厚的佛文化底蕴而被称为“东南佛国”。

一直听说在每年的农历七月十五，也就是盂兰盆节的时候，杭州总会有盂兰盆盛会，那具体在哪里举行，会有些什么样的活动呢？原来，每年的盂兰盆节，著名景点灵隐寺就会有大型的佛事活动，让人不禁想要一探究竟。

灵隐寺历史悠久，距今已有1 600多年历史。全盛时期，寺内僧侣达两千余人，苏东坡曾称赞道：“高堂会食罗千夫，撞钟击鼓喧朝晡。”山峦环绕，溪水潺潺，绿树成荫，林木苍翠，幽香四溢，千年古刹……漫步在灵隐寺一带，这景象宛如天界和人间的纽带，令人心旷神怡。但如果你在盂兰盆节这天前来，热闹非凡的盛会将会带给你一种别样的感受。

凌晨四点三十分，天刚蒙蒙亮，盛会就已经悄然拉开帷幕。灵隐寺的大雄宝殿内已经点亮了几处灯光，只见一位常住法师向大雄宝殿徐徐走来，他谨遵佛制，举行了安居结夏的仪式，宣告这长达90天的安居结夏活动圆满落幕。

早上七点，沐浴在初秋的阳光下，灵隐寺的药师殿前人头攒动，原来现在举行的是放生法会，这也是佛教特有的一项佛事活动。只见一张长桌摆在殿前，周围围满了僧侣，他们双手合十，共同祈祷世界和平，没有战乱，国泰民安，人民富强。接着便开始放生，只见被放生的鸟儿无拘束地飞向天空，被放生的鱼儿活脱地在水里遨游，那清脆的鸟啼和鱼儿跳动身躯所溅起的水花让人不禁感慨生命的价值和意义。

上午八点三十分，盛会的重头戏即一年一度的“盂兰盆法会”在大雄宝殿隆重举行。整场法会仪式一共分为三个阶段，即诵经、上供和受食。在整齐又庄严的诵经声中，我们能感觉到大众对佛的敬畏与热爱；在上供环节，我们能领悟到大众的虔诚，他们心无杂念地表达对佛祖、菩萨和僧众的恭敬与爱戴，是那样纯粹、自然与真实；上供完毕，悦众将信徒所布施之物集中在一起，不论是来客还是本寺僧人，一律平等分配。

傍晚时分，只见三大士焰口在药师殿前陈设开来，盛会在超度仪式中渐渐接近尾声……

“盂兰”翻译过来为“倒悬”，是极度痛苦的意思。指人死后的感觉如同被倒悬着一样，痛苦不堪。“盆”，顾名思义，是指盛载食物的容器，这就是说，用这盆器盛着各种山珍美味，敬献佛僧，目的是解救先亡者的倒悬之苦，将其从死亡的痛苦中解脱出来，去往极乐世界。整个盛会让人深刻地感受到佛教的慈悲善良，也让人对人和自然和谐相处有了更真切的感触。盂兰盆盛会之所以经久不衰，是因为它与中国传统文化中崇尚孝道、慎终追远的伦理传统高度契合。盂兰盆盛会最大的意义就是通过举行一系列具有仪式感的活动，让人纪念先人的恩惠，心存感激，时常怀有慈悲之心，积极生活，并领悟人生的价值和生命的意义。

第七章　流淌运河的诗情画意

一、白居易的运河城

唐穆宗长庆年间，朝中政治生态险恶，大臣间争权夺利，明争暗斗；政治荒怠，皇帝不听劝谏。因此，白居易极力请求外放。长庆二年（822），白居易终于被外任为杭州刺史。

远离京城的白居易，来到杭州的心情大好。在赴任杭州的路上，他写了《自中书舍人出守杭州路次蓝溪作》一诗："……余杭乃名郡，郡郭临江汜。已想海门山，潮声来入耳。昔予贞元末，羁旅曾游此。甚觉太守尊，亦谙鱼酒美。……"从这几句足以看出他对杭州充满了美好的期待。与其在京城官场争名逐利，不如到远离是非之地的杭州来得自在一些。他自知命运不可违抗，便抱着委顺的态度，随遇而安，泰然处之，这也不失为一种处世哲学。

早在代宗之时，杭州刺史李泌为了解决杭州地处近海“水泉咸苦”的问题，在城内开凿了六井，即相国井、西井、金牛井、方井、白龟井、小方井。所谓六井，实为六处贮水池。六井不是穿地而成，而是在涌金门至钱塘门之间掘地为沟，用竹管引西湖水入井。西湖水的水质好，从而保证了城市居民的饮水需要。

白居易任职期间，六井早已荒废，居民用水成了一大难题。为解决这一问题，他主持疏浚六井，改善居民的用水条件；又见西湖淤塞、农田干旱，在钱塘门外石函桥附近修筑了一条湖堤，以增加西湖的蓄水，保证六井的水源，同时还灌溉了周围的农田。白居易作《钱塘湖石记》，将治理湖水的政策、方式与注意事项，刻石置于湖边，供后人知晓。捍湖浚湖，重疏六井，使市民能够近湖而栖，安居乐业，也奠定了西湖“三面云山一面城”的格局。为纪念这一重大工程，人们将湖上的白沙堤改称“白公堤”，即现在著名的白堤。由此可见，白居易为民兴利，百姓对他十分爱戴。

白居易在杭州任刺史有三年时间，在离任之时创作了《三年为刺史》《别州民》《除官未去间》《杭州回舫》《除官赴阙留赠微之》《汴河路有感》《埇桥旧业》《茅城驿》《河阴夜泊忆微之》《途中题山泉》《欲到东洛得杨使君书因以此报》《洛下卜居》《洛下寓居》等大量优秀的作品，细细品读，我们可以发现字里行间都饱含着诗人对杭州及杭州百姓的深情。

三年为刺史

（其一）

三年为刺史，无政在人口。
唯向郡城中，题诗十余首。
惭非甘棠咏，岂有思人不？

（其二）

三年为刺史，饮冰复食蘗。
唯向天竺山，取得两片石。
此抵有千金，无乃伤清白。

白居易很谦虚，他认为自己在杭州三年，没有给杭州百姓做出什么贡献，仅“题诗十余首”而已。三年任期满要离开的时候，只带走天竺山的两块石头作为纪念，这样才不会伤及自己的清白。他对杭州百姓感情之深厚，在他的另一首《别州民》里体现得更为真切：

耆老遮归路，壶浆满别筵。
甘棠无一树，那得泪潸然。
税重多贫户，农饥足旱田。
唯留一湖水，与汝救凶年。

离开之时，送别的“耆老”人数众多甚至挡住了去路，筵席上尽是酒壶，大家都想与他再多说几句，多看几眼。“甘棠”出自《史记·燕召公世家》中《甘棠》一诗来历之典故，用来比喻为官者体恤百姓疾苦，为民众排忧释纷。白居易认为，自己为官期间没有什么建树，父老不应该因为他的离开潸然泪下。可以看出白居易是一个谦虚的官员。第三句颈联显示他对杭州百姓将来的生活产生了深深的担忧：赋税太重、人民贫苦、庄稼缺少、旱灾严重。今后百姓的日子该怎么过下去呢？寥寥数字抒发了他对民生的挂念与忧虑。对于这样的状况，自己除了忧虑却什么也做不了，“唯留一湖水，与汝救凶年”，一个“唯”字把他的无可奈何表现得淋漓尽致。虽然自然灾害的发生不可避免，但是在预防旱灾方面，他却可以竭尽全力给杭州百姓提供保障。句中的“湖水”即指他在任期间曾于钱塘湖修筑堤坝，疏浚六井，预防旱涝之灾的事。一个“唯”字，也同时表现了他的自谦。

离开杭州后，白居易对杭州依然念念不忘，写过多篇诗文回忆杭州。如《杭州回舫》：

自别钱塘山水后，不多饮酒懒吟诗。
欲将此意凭回棹，报与西湖风月知。

离开杭州以后，酒也喝得少了，诗也懒得吟诵了，他想象自己坐船从运河回到杭州，把自己的感情告诉西湖的清风明月，足见他对杭州的留恋之情。

还有一首《答客问杭州》云：

为我踟蹰停酒盏，与君约略说杭州。
山名天竺堆青黛，湖号钱塘泻绿油。
大屋檐多装雁齿，小航船亦画龙头。
所嗟水路无三百，官系何因得再游。

诗人“约略说”了杭州的美景，以天竺山、钱塘湖和大屋、小舟以及西湖、运河上的小航船概括。从诗中最后两句“所嗟水路无三百，官系何因得再游”可以体会到诗人的感慨，此时诗人已赴苏州任刺史，他感叹苏州至杭州，循大运河仅300里，然而却因官身所系，不能前往，不知何时才能有机会再览杭州之美，只能无奈嗟叹而已矣。

杭州，是一座因运河而发达的城市。从白居易的诗文中，我们不仅能感受到诗人对于这座城市深沉的爱，而且可以从诗中了解和领略运河都市杭州的独特风貌和社会风俗习惯，感受其中的运河印迹、运河记忆、运河元素。

二、苏轼梦魂到江涨

宋朝大诗人苏轼与杭州很有缘分，历史上他曾在杭州两次任职，在救灾治理方面建立了功绩，深得民心。元祐四年（1089），苏轼任龙图阁学士知杭州。他在巡视中发现当年白居易兴建的灌溉工程均已废弃，西湖久不治理，湖中积聚葑菱达到了25万丈多，年久腐化变为泥土，水干了就变成了田。因此，湖水断绝，只能通过运河取钱塘江的潮水来补充水源。潮水浑浊又多淤积，运河流经市区，遇到大雨就形成内涝，成为城市的大患，民众苦不堪言。唐朝的六井到了宋朝也荒废了，城里百姓吃不上甜水。为了解决百姓吃水问题，苏轼命人疏浚茅山、盐桥两条河流，用茅山河接受钱塘江的潮水，用盐桥河接受西湖水。

吴越时期，沿海曾经筑有一堵长墙，防止海潮进入运河，污染城市的淡水。到了宋朝早已年久失修。杭州城内当时有两条运河——盐桥河与茅山河，它们以南北方向穿过城市，直接在闸口连接钱塘湾，与钱塘湾的水混合，因而有很多淤泥。一般每隔四五年，运河河床就需要清理一次。清理出的淤泥直接就堆在岸边居民家门口，严重影响了河运交通，一只船要走好几天才能出城。苏轼看到这样的情形，就想出了一个办法。他让盐桥河通过市区，使海水设法从别处流入茅山河，在钱塘江南部建水闸，海潮高的时候将闸关闭，海潮低的时候再放水。这样海潮带来的泥沙就减少了，市区的水域就干净了。随后，苏东坡又在城北余杭门外开了一条新运河，与西湖相连，以确保城内的水位。这套办法不仅使运河的水深到八尺，消除了淤塞，而且还减少了市区水域的污染。

《宋史》记载："轼见茅山一河专受江潮，盐桥一河专受湖水，遂浚二河以通漕。复造堰闸，以为湖水蓄泄之限，江潮不复入市。"

之后，为根治西湖水患，他上书朝廷，得到批准后便招募数千工人，筹集器材、船只，全面疏浚治理西湖。七月开工，年终完成。挖出的野草、淤泥堆积如山，又成了一大难题。此时，他见西湖南北两岸人民，往返需要绕湖而行，十分不便。经过一番思索，他决定用淤泥在西湖西侧修一条五六里的长堤，南起南屏山，北至栖霞岭，上建“映波”“琐澜”“望山”“压堤”“东埔”“跨虹”六座石拱桥，大大缩短了两岸居民的过往距离。经过半年整治，西湖面貌一新，水草淤泥全部铲除，湖面豁然开朗。随后，苏轼又命人在长堤两侧栽植芙蓉、杨柳，修建了亭阁。从此“西湖景致六条桥，一枝杨柳一枝桃”的旖旎风光跃然湖上，开拓了西湖水光山色新天地。为了纪念苏轼治理西湖的功绩，杭州人民将其称为“苏堤”，“苏堤春晓”被列为“西湖十景”之一。

苏轼一生沉浮起落，但每一次遭受贬谪都能安然处之。在杭州的几年，应该是他被贬以后过得最为惬意的时光吧。他在《杭州故人信至齐安》一诗中，写到自己梦回杭州，回忆起那段悠然的生活。

昨夜风月清，梦到西湖上。
朝来闻好语，扣户得吴饷。
轻圆白晒荔，脆酽红螺酱。
更将西庵茶，劝我洗江瘴。
故人情义重，说我必西向。
一年两仆夫，千里问无恙。
相期结书社，未怕供诗帐。
还将梦魂去，一夜到江涨。

在梦中苏轼又重新回到了他念念不忘的杭州，那里不仅仅有美丽的风景，更有茶香和美食，“轻圆白晒荔，脆酽红螺酱。更将西庵茶，劝我洗江瘴”。吃着他最爱的美食，品茗赏美景，梦中再次体验了一次杭州的惬意生活。这时的苏轼恐怕已经受到乌台诗案的影响，在诗中自注：“仆顷以诗得罪，有司移杭，取境内所留诗，杭州供数百首，谓之诗帐。”“诗帐”对于他丝毫没有影响，充斥在他脑海里的想法全部是关于杭州的美好回忆，“还将梦魂去，一夜到江涨”。

苏轼对于杭州有很深的感情，纵观他的人生轨迹，在杭州的时光虽然是被贬谪，但是杭州的湖光山色，市民与同僚对他的尊敬，僧人与歌妓对他的崇拜，都使他感到从未有过的愉快。续娶的年轻的妻子和牙牙学语的儿女也使他感到惬意和温暖。

最为重要的是，他为杭州百姓做了很多实事。苏轼两次来杭，仁民亲政，深受百姓的爱戴。为了表示对他的感谢，百姓为他建祠立碑，不少人家还挂着他的像。灵隐冷泉附近有两座亭子，人们为了纪念他，取其“西湖春淙一灵鹫”“跳波赴壑如奔雷”的诗意，分别将两座亭子命名为“春淙亭”“壑雷亭”。如今杭州有两条马路“东坡路”“学士路”，也是为了纪念苏东坡而命名，由此可见苏轼在杭州人心中具有很高的地位。

三、陆游骑马客京华

陆游早年随父陆宰住在水云门寺寿圣院，古时云门虽地处会稽山腹，但却因有若耶溪与鉴湖相接，粮田肥美、交通便利。陆游曾在《五云桥》一诗的注中写道：“往时镜湖陂防不废，则若耶溪水常满，可行大舟至云门。”鉴湖原名镜湖，位于杭州东南的浙江省绍兴市，是我国古代著名的水利工程，通过曹娥、浦阳二江与钱塘江紧密相连，湖水孕育了陆游，他的一生也正是从这里起航的。

绍兴二十八年（1158），陆游获得了他初入仕途的第一个职位，秋冬时分，他从会稽出发，取道运河，途经瑞安时写下了《泛瑞安江风涛贴然》：“俯仰两青空，舟行明镜中。蓬莱定不远，正要一帆风。”此时的陆游泛舟江上，有一种无比空阔的视觉和心理感受。绍兴三十年（1160），经人推荐，陆游奉诏北上，入朝为官。这一年他风尘仆仆地来到了行在临安，在这里陆游广交好友，他们一起游览西湖胜景，一起谈笑风生，结伴而行。

绍兴三十二年（1162）陆游将家眷接到临安定居，此时38岁的他已是五个孩子的父亲，宋金战场上宋军胜利的喜悦夹杂着父子团聚的天伦之乐，陆游写下了《喜小儿辈到行在》，诗中写道："却思胡马饮江水，敢道春风无战尘。传闻贼弃两京走，列城争为朝廷守。从今父子见太平，花前饮水勿饮酒。"但伴君如伴虎，隆兴元年（1163）陆游被排挤出朝，他的第一次临安供职仅维持了四年光阴。

宋孝宗乾道五年（1169），45岁的陆游接到朝报，以左奉议郎为通判夔州军州事，次年闰五月，他整装离开山阴入蜀，此行走的是水路，陆游沿着浙东运河从山阴到临安，此时的他心情复杂，怀着对故乡的不舍和对前途的疑虑在临安停留了十天，省兄访友，再游西湖。随后一路北上，经嘉兴、苏州、常州，后到镇江转入长江航道。其后近十年的蜀中生活，是陆游人生中重大的转折，残年走巴峡，辛苦为斗米，江水滔滔东去，两岸景物依旧，兜兜转转重回故里，可旧地重过，却近乡情怯。

此后，自淳熙八年（1181）到淳熙十三年（1186），陆游在故乡山阴闲居，前后整整五年。淳熙十三年，这一年陆游62岁，终于被重新起用，被任命为严州（今浙江建德）知府，接到任命通知后他赶赴都城临安朝见，有三篇上朝札子，请求孝宗北伐中原，收复失地，岂料孝宗回复："严陵山水胜处，职事之暇，可以赋诗自适。”言下之意，完全把陆游看作一个附庸风雅的文人墨客，而后陆游分别给丞相王淮、梁克家等呈上谢启，并拜访了张镃、杨万里等友人，众人一同在临安盘桓，赏花望月、酬唱诗赋。时值春雨绵绵的夜晚，陆游辗转难眠，客居西湖边写下了脍炙人口的《临安春雨初霁》：

世味年来薄似纱，谁令骑马客京华。
小楼一夜听春雨，深巷明朝卖杏花。
矮纸斜行闲作草，晴窗细乳戏分茶。
素衣莫起风尘叹，犹及清明可到家。

从这些诗句中，我们不难体会诗人重新被起用后难掩的失望与苦闷，诗面学书品茶、淡泊清新，实则内心深处却牢骚满腹、恨不得志。暮春时分，陆游回到山阴故里，直至七月三日才至严州上任，严州地处临安的西南面，钱塘江、富春江的上游，而此诗也不胫而走，很快传遍了京城，自然也传到了孝宗的耳中，从此陆游的诗名便更响了。临安成了陆游这位亘古男儿一生的枢纽站，而大运河如母亲一般，养育他的同时又陪伴他的成长。它载着陆游由南至北、由北归南，给予他创作之源，也见证了他人生的起伏。如果说陆游一生所释放的光芒会永烛后代，那么运河也可当之无愧地享受这份荣光。

四、钱塘三五夜如昼

钱塘江古称浙江、罗刹江、渐江，是我国东南沿海地区的一条重要河流，同时也是浙江省境内最长的河流。钱塘江起于安徽省休宁县怀玉山主峰六股尖，归于东海，全长668千米。大运河径流南北，其南端汇入钱塘江并由此涌向大海。钱塘江各段以流经的地域而命名，萧山闻家堰以下入海处称钱塘江，至建德梅城称为富春江，其中桐庐至梅城段在古时称为桐江。富春江沿岸的风景是钱塘江水域的精华，自古以来的文人墨客游历富春江后留下诸多的诗词歌赋来记录这美好的景色。

南朝吴均在《与宋元思书》中写道：“风烟俱净，天山共色。从流飘荡，任意东西。自富阳至桐庐，一百许里，奇山异水，天下独绝。水皆缥碧，千丈见底。游鱼细石，直视无碍。急湍甚箭，猛浪若奔。夹岸高山，皆生寒树。负势竞上，互相轩邈；争高直指，千百成峰。泉水激石，泠泠作响；好鸟相鸣，嘤嘤成韵。蝉则千转不穷，猿则百叫无绝。……”这篇文章描写了从富阳到桐庐一段两岸的自然风光，充满了诗情画意。再如南朝梁沈约的《新安江至清浅深见底贻京邑同好》：“千仞写乔树，百丈见游鳞。”唐朝戴叔伦的《春江独钓》：“断烟栖草碧，流水带花香。”唐朝吴融的《富春》：“天下有水亦有山，富春山水非人寰。”宋朝苏轼的《送江公著知吉州》：“三吴行尽千山水，犹道桐庐更清美。”元朝李桓的《富春舟中》之一：“天下佳山水，古今推富春。”富春江风光锦绣，也称为七里滩，严子陵钓台就处于其间，素有“小三峡”之称，有着“奇山异水，天下独绝”的魅力，吸引着古今中外的游人。著名作家郁达夫于1931年游桐庐登桐君山和严子陵钓台后，在《钓台的春昼》中感慨道：“上这桐君山来一看，这山是秀丽且静，风景整而不散，却非那天下第一的北固山所可比拟的了。”可见两岸的山水相比相对，形成了一幅秀水迤逦的山水画，无论是“日出江花红胜火，春来江水绿如蓝”的暖春还是“一江流碧玉，两岸点红霜”的金秋时节，或是“诸山浩然，寒江独钓”的寒冬，都各具魅力，使人回味无穷。

苏轼在《蝶恋花·密州上元》中写道：“灯火钱塘三五夜。明月如霜，照见人如画。”描绘了上元时节钱塘江节日气氛的隆重。钱塘江是浙江最大的河流，也是宋朝两浙路的重要关钥。宋朝是很讲究享乐的朝代，正月十五为上元节，也称元宵节、元夕节或灯节。“上元五夜灯”在当时是以制度的形式来规定日期，宋代以前一般为一日，少数有三日的，到了宋初，沿袭了三日张灯的习惯，太祖乾德五年（967）下诏：“上元张灯，旧止三夜，今朝廷无事，区寓平安，况当丰谷之年，宜从士民之乐。”又再增加十七、十八两夜庆祝。到了太宗太平兴国六年（981）时，“燃灯五夜著为令”，形成了制度，官府也休假三天，以便官员观赏三元张灯。从此到了元宵节时，到处灯火通明，也就有了诗词中的“灯火钱塘三五夜”之说。

上元灯节期间，京城的士民们集结起来，各种歌舞、百戏、奇术目不暇接，整座城市幻化为一座天上宫阙，城中张灯结彩，许多灯以琉璃制成，五颜六色，彻夜通明。宋代上元节不仅装扮得纷繁华丽，而且活动极其丰富，有猜灯谜、舞蹈、舞狮、舞龙灯等。猜灯谜是上元节传统的娱乐活动，这个习俗起于宋，也被称为“射虎”“打灯虎”等。在上元之夜，各家商户张灯之后，便将谜语贴于灯下，方便游人们在游玩赏灯之时扯下猜中的谜语纸条去领取谜赠。元宵节时烟火不断，仿佛天空中绽放着绚烂的花朵。据《武林旧事·元夕》记载：“宫漏即深，始宣放烟火百余架。于是乐声四起，烛影纵横，而始驾还矣。”

钱塘江边的繁荣景象与钱塘江是京杭大运河的五大水系之一息息相关，古代的交通不发达，水运成为沟通南北经济的重要交通方式。大运河的贯通改变了中国的地理环境，形成了南北东西全方位的水网，带动了运河沿岸经济的发展。同时，宋朝统治者对前朝文化遗产的继承，以及统治者对教育制度的完善，也为文化繁荣奠定了重要的基础。

五、朱淑真住东马塍

南宋著名女词人朱淑真（约1135—约1180），号幽栖居士，浙江钱塘（今杭州）人，祖籍歙州（今安徽歙县）。出身于官宦小康之家的朱淑真，不仅样貌艳丽，而且能文善画，通晓古今。在众人眼里是个美女，更是个才女。从小生活在杭州这样钟灵毓秀、人杰地灵的地方，朱淑真的诗也显得清婉自然。她以女性特有的幽深细腻的笔触抒写个人情怀，面对自然界的衰荣、时令季节的更替，拿起笔抒发的是她对一时、一地、一景、一物的感慨，令人沉醉。

朱淑真寓居钱塘时曾作《东马塍》：

一塍芳草碧芊芊，活水穿花暗护田。
蚕事正忙农事急，不知春色为谁妍？

《西湖游览志》载："出钱塘门而西，为东西马塍。……钱王时畜马于此，至三万余匹，号曰海马，故以名塍。……杭城四时花卉，于此出焉。"宋时，这是个以盛植四时花卉驰名的游览之地。

这首诗以明快的笔调描绘了农村欣欣向荣和农事繁忙的景象。郊外明媚的春光，让走出家门、在外散步的诗人心旷神怡。在深宅大院蜗居许久，踏出闺房，外面的世界是如此迷人，大自然是那样的开阔、明丽。田野万物，深深吸引着作者，她陶醉了，入迷了，一扫往日的忧愁烦怨，诗兴盎然，为这片土地，为这里可爱的人们抒写诗情。

"一塍芳草碧芊芊，活水穿花暗护田"两句，绘景如画。碧草、绿田、活水、鲜花，诗人将大地上生机勃勃的万物，自己捕捉到的欢喜，都描绘在一幅画面上，赋予树木花草、流水清风以鲜活的生命，使它们舞动起来，生动灵趣。“活水穿花暗护田”一句，脱胎于王安石“一水护田将绿绕”（《书湖阴先生壁》），但更显意趣婉丽。“活水穿花”，涓涓细水从花间淌过，鲜花疏密有致，明艳动人，也更见精神。那一“暗”字，更是赋予“活水”以灵性。“护田”好像是它有意识的行为，贴心守护，滋养大地，温柔隽永，花的茂盛和田的葱翠让人流连忘返，明媚的春光跃然纸上。

在这春光融融的季节里，乡村之人，此时正忙于养蚕和播种。《名媛诗归》云：“‘蚕事’句，叙风土，率意已见。”这看似信手拈来，却非率意之笔。明媚的春天，舒适的天气，人们本应在田野散步流连，享受自然的美好。可是，在田垄边，家家养蚕忙，村村农事急，哪有闲情去关注眼前的春色。这对于如此爱春惜春的诗人来说，自然要增一份惆怅了。“忧心忡忡的农人甚至对最美丽的景色都无动于衷。”作者出身富贵人家，大家闺秀，自然不用下地干活、辛苦劳作，这美好的事物无人与共，令作者叹惋，也感叹自己的青春年华无人能解。

朱淑真笔下的钱塘，一花一草，一水一田，甚至连蚕事和农耕，都被融入春的总旋律中，谱出了一支明快、健朗、充满勃勃生机的春光交响曲。如此迷人，如此明媚，怎能不令人沉醉。

假若没有杭州这片土地的滋养，恐怕朱淑真也无法书写出这流传千古的诗篇。正是这片土地的浸染，使她笔下的风景也灵动飘逸。她的诗歌清丽自然，婉约清空，韵味深长，展现了她细腻、深婉、丰盛的精神世界，也向世人后辈展现了不一样的钱塘风光。

六、姜夔留诗《出北关》

南宋著名词人姜夔，字尧章，号白石道人。他少年孤贫，屡试不中，白衣终其一生；飘然行走江湖，辗转各地，靠卖字和朋友接济为生。他多才多艺，通晓音律，诗作空灵含蓄，书法自成一家。晚年旅居西湖，卒葬于杭州钱塘门外的西马塍。姜夔极具艺术天赋，诗文辞赋、书法音乐，无不精通，是继苏轼之后又一难得的艺术全才。而颠沛流离的身世，也使得他四处游历，往来于苏州、杭州、合肥、金陵、南昌等地，这些经历在他的词集和诗集中多有反映。

庆元二年（1196），萧德藻被侄子萧时父迎归池阳，姜夔在湖州失去依

傍，遂干脆移家杭州，依附张鉴及其族兄张镃，后不再迁徙，在杭州居住终老。在此期间，他写下了动人诗篇《出北关》：

吴儿临水宅，四面见行舟。
蒲叶浸鹅项，杨枝蘸马头。
年年人去国，夜夜月窥楼。
传语城中客，功名半是愁。

此处的“北关”，即是杭州武林门，因“北关”在杭州话里同“百官”发音相近，民间俗称为“百官门”。杭州旧称“虎林”，武林门原本是被称为虎林门的。因为旧时城门外有山，据明代田汝成的《西湖游览志》记载，“土阜陂陀，高可三丈，广不满百步……弄虎出焉，故名虎林。吴音承讹，转虎为武耳”，故讹传为“武林”，最终这座城门名称变为武林门。武林门为杭州最古老的北大门，始建于隋朝，有1 300多年历史。武林门外自隋朝以来一直是大集市。南宋高宗建都杭州，将它称为“余杭门”，是作为北城的唯一旱门（另外还有“天宗”“余杭”两座水门以通舟楫）。其后，杭州城门虽屡有兴废，但此城门始终未变。明朝，改余杭门为武林门。古时“北关夜市”为钱塘八景之一。从前，杭州与浙北、苏南的联系，要靠大运河，进入大运河就必须要出武林门。所以，在没有铁路、公路的时代，杭州人往北远行，必须出武林门。

北关外，今武林门至湖墅一带，一直是“人烟辐辏，商贾云集”之处。每当夕阳下山之际，“樯帆卸泊，百货登市”，入夜“篝火（指灯笼）烛照，如同白日”。那时从西湖倦游归来的游人香客，多集宿于此，“熙熙攘攘，人影杂沓”，形成热闹的夜市场面。“年年人去国，夜夜月窥楼。”面对熙熙攘攘的人群，人来人往，匆匆忙忙，去年见过的人儿，今年已寻不到，可明月仍是那一轮明月，夜夜守护着一方城池，照耀着城门高楼。物是人非，离散聚合，怎能不让人叹息。姜夔一生漂泊，自己不得用世及情场失意的苦闷更让他忧愁。“传语城中客，功名半是愁。”世间纷扰，功名利禄，你追我往，那高高在上的荣华富贵能有几人享用，怕是一半的人都要心碎。因为在人的短暂一生中，本来就没有什么唯一的成功标准。如果能够在有限的生命中实现一点自我价值，或许会比获取世俗的功名更有意义。

怀揣着满腹的才华，但却四处碰壁。唯一的安慰是，每晚都能听着那些歌楼酒肆里传来自己创作的词曲伴着自己入眠。没办法，有的人就是这么倒霉，即便是万事俱备了，也等不来命运中的东风。至于何处是归程，似乎只有老天爷知道。那就继续追寻人间天际的长歌短调，用情写好自己的心曲吧，就像姜夔。作为流浪汉，白天的他，黯然失色地混迹在讨生活的人群中；但一到夜晚，当大街小巷传出他写就的词章，他的内心才生出安慰，才似乎捕捉到了人生的意义。

姜夔活了67岁。终身流浪，一生布衣的他最后贫病交加地死在了杭州。去世之前，他那独居的寒舍也毁于一场大火。死后，还是靠友朋吴潜等人捐资，才得以被草草安葬于杭州钱塘门外的西马塍。姜夔让杭州这座城，多了一份忧伤，添了一份不朽。只愿诗人能在杭州这片美丽迷人、包容温馨的土地上安心入睡，守护彼此，来世不再漂泊。

七、徐霞客记游运河

我们每个人的心中都有这么一个愿望，希望能看遍世界的各种景色，走遍世界的每个角落。而现代科技的发展也为我们的旅行增添了很多乐趣与便捷，你可以选择乘坐飞机，因为这是最快速的交通工具；也可以选择乘坐火车，虽然速度慢了下来但是能够欣赏沿途的风景；抑或是自驾游，即使会很劳累，即使会出现一系列的问题，但是你却拥有了更多的自由。不仅仅是现代社会，其实早在明朝，旅行就已经开始受到推崇。有一位杰出的旅行家，自22岁开始他出行30余年，走遍了祖国的大好河山。在那个年代，他只能靠步行抑或是乘舟，翻山越岭，备尝辛苦。他便是徐霞客。

徐霞客不仅仅是旅行家，更是一位地理学家、文学家。他原名徐弘祖，字振之，别号霞客，是一个地地道道的江苏人，生于明万历十四年（1586），卒于明崇祯十四年（1641）。在他人生美好的56年里，有30多年都是在外出游，旅行考察。他的足迹遍布全国各地，包括今天的北京、河北、山东、河南、江苏、浙江、福建、山西、江西、湖南、广西、云南、贵州等21个省、自治区、直辖市，所到之处，探幽寻秘。若是仅仅游历全国，似乎并不足为奇，徐霞客还想把祖国的大好河山和世人一同分享，于是他记录观察到的各种现象、人文、地理、动植物等。之所以说他还是一位文学家，是因为他把自己的旅行经历写成了一本闻名中外、脍炙人口的游记，即《徐霞客游记》。而仅仅是杭州，徐霞客就先后拜访过四次，分别是在1613年、1616年、1620年和1636年。

万历三十六年（1608），徐霞客终于决定要正式出游。在临行前，母亲特意为他缝制了一顶“远游冠”。《论语》中提过：“父母在，不远游，游必有方。”在那个时代，并不提倡和父母分离。但是其母还是鼓励他说：“身为男子，志在四方，羁留家园，一如篱内小鸡，车辕小马。”于是，22岁的徐霞客携爱妻许氏从家乡江苏江阴出发，乘舟经京杭大运河入太湖，分别登上了眺东、西洞庭山，探访西山灵威丈人遗迹林屋洞（道教第九洞天），浏览了无锡惠山“天下第二泉”、听松坊和寄畅园。这是徐霞客游历生活的第一阶段，是他28岁以前的记游准备阶段，也为他后续能够顺利完成游记奠定了一定的基础。

到1636年那次拜访杭州时，徐霞客已年过半百。他在《徐霞客游记》中的《浙游日记》中写道：“丙子（公元1636年）九月九日，余久拟西游，迁延二载，老病将至，必难再迟。”还是从家乡江阴乘舟出发，由嘉善进入浙江境内，途经西塘、王江泾、乌镇、连市、新市、唐栖等地，进入杭州。“十月初一日，晴爽殊甚，而西北风颇厉。余同静闻登宝石山巅，巨石堆架，为落星石。”“初二日上午，自棕（松）木场，五里出观音关。西十里，女儿桥。又十里，老人铺。又五里，仓前。又十里，宿于余杭之溪南，访何孝廉朴庵，先一日入杭城矣！”再一次来到杭州，再次经过京杭运河的他，由“小徐”变成了“老徐”，心境不复从前。沧海桑田，物是人非，徐霞客投宿于余杭溪南，回忆人生。

次日，他乘舟于余杭塘河，也叫“运粮河”，当地人叫作“官塘运河”。南宋时任副宰相的范成大在其《余杭道中》有云：“落花流水浅深红，尽日帆飞绣浪中。桑眼迷离应欠雨，麦须骚杀已禁风。牛羊踏杳千山合，鸡犬村深一径通。五柳能消多许地，客程何苦镇匆匆。”

徐霞客与京杭运河有着千丝万缕的联系，更是有着斩不断的情感。在余杭段，徐霞客便走了那长长的运河驿道和南苕溪水驿道。余杭段内的运河不仅仅因为有了徐霞客而闻名遐迩，徐霞客的人生，甚至是《徐霞客游记》中有关余杭运河的记载也因而受人瞩目与喜爱。可以说，徐霞客与余杭运河相互成就了彼此。

八、厉鹗东城写杂记

每个人对自己的家乡都有着一种特殊的感情，抑或是怀念，抑或是深爱。古人云：“上有天堂，下有苏杭。”这句话最早来源于宋代范成大的《吴郡志》，范成大是苏州人，被江南的苏杭美景深深吸引，沉迷其中。而在清朝的钱塘，出了一位性格孤傲、不谙世事，却热爱游山玩水的天才，他也被杭州深深吸引，与范成大不同的是，杭州是他的家乡，他把对家乡那份更加复杂的感情写进《东城杂记》里，以此来纪念自己的家乡，同时让后人足不出户就能欣赏到它的美，进而去了解杭州。他就是厉鹗。

厉鹗，字太鸿，又字雄飞，号樊榭、南湖花隐等。他生于钱塘，也就是今天的浙江杭州，是清朝著名的诗人、学者。他在词方面造诣极高，是浙西词派中期的代表人物。与世无争、孤寒高傲的性格造就了其词婉约冷淡、幽隽清绮的特点。而这些特点或多或少都被带进了《东城杂记》中，读来让人觉得内容清新脱俗，区别于其他枯燥乏味的地方志，而这也正是该书被后人所津津乐道的原因。

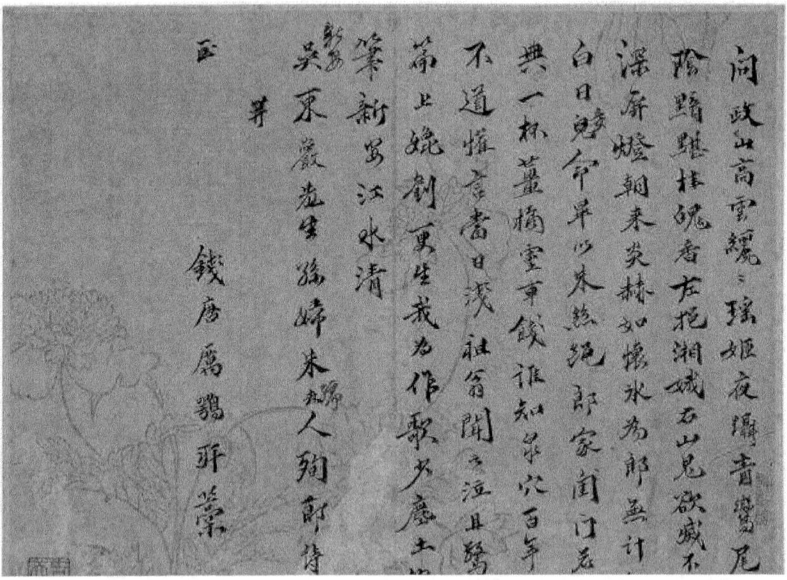

《东城杂记》共分为两卷。清朝学者纪昀在主持编写《四库全书》时把此书收录于史部的地理类中；后光绪年间又被收进《武林掌故丛编》里，这里的武林并非武侠小说里的“武林”，而是指杭州。就如每个人的心中永远都有一处能够接纳自己的港湾一般，厉鹗对家乡的城东有着极其深厚的感情。于是他收集了关于城东的种种野史逸闻，写成《东城杂记》。这本书由一篇篇短小精悍的文章构成，把比较枯燥的知识变得生动有趣，且很多内容不见于正史与地方志，具有很高的文学和史料价值。他在序中写道：“小子生于是，居已三十余年，凡五迁，未尝离斯地也。”可以说，《东城杂记》就是厉鹗写给家乡杭州的一封情书。

《东城杂记》中的文章可依据其内容归为地点、人物、作品和其他四类，其他类的都是无法归入前三类的东西，主要包括一些事件、古迹、物品、俚语等。就在这一分类下有一小篇文章很有趣，名为《东门菜》，主要介绍了在杭州城东多见菜园的情况。而这一特点与京杭大运河有着丝丝缕缕的关系。“引湖水注城中，以小舟散给坊市。”京杭大运河的修建，不仅为沿岸城市带来了商业上的繁荣，更为讲究菜品的杭州人带来了研究菜品的资本。城东居民纷纷开始建造自己的小菜园，他们交流着菜品的种类与种植经验，新的菜品又可通过水运与其他地方的居民进行交换。就像书中写到的："蒌蒿、因陈、紫蕨、青莼、韭畦、芋区、茭首、芹根、藤花、羞盘、菊叶、荐笪，姜辛薤淡，荠甘荼苦，此吾杭之菜见称。"

对一处景色，对一个地点，对一座城市，你到底有多热爱，如果只是用语言来表达说"我爱我的家乡"是苍白无力的，你需要举出无数个例子来说明。而在厉鹗的《东城杂记》中，每一篇小小的文章都在诉说着他对城东的那种藏在心底的爱恋与怀念。他想踏遍城东的每一个角落，拜访这里的每一户人家，收集每一则关于这个地方的故事，他想向世人诉说这里的每一处好。

九、龚自珍北上杂诗

清乾隆五十七年（1792）七月初五，龚自珍出生在杭州城东靠护城河马坡巷的一所大宅子里。自诞生于运河河畔，龚自珍的一生便与运河结下了不解之缘。马坡巷靠近城东运河，临着西湖，他就在故乡的山水中嬉戏、读书，汲取着大运河的灵气，养成了"少年击剑更吹箫"的性格，这也为其以后的文学创作奠定了基础。从六岁开始，龚自珍频繁地在大运河上南来北往，社会本来的面目以各种形式淋漓尽致地展现在运河两岸。龚自珍身处的时代正值清王朝急速衰落的时期，而运河之旅也让他清楚地洞察到了清王朝隐伏的危机，从思想到现实，他的运河诗文饱含着深广的社会历史，也具有着高远的思想境界。

道光十九年（1839），龚自珍满怀着对官场的失望返回故里，一路上面对巍峨群山、滔滔江水，思绪万千的他写下了300多首绝句，这就是著名的《已亥杂诗》，其中有着大量关于运河两岸风光及社会状况描述的诗歌，更有几首注明为舟中所作，或写舟中感想，或写沿岸旅况。《已亥杂诗》是一座千万门户的大厦，他一边作诗，人们一边沿途传诵，待龚自珍归家时，他的诗作早已家喻户晓，故而也留下了“诗先人到”的佳话，大运河的通达之力也由此可见。

西山位于北京西郊，南起拒马河，北至关沟，是太行山的支脉，也是运河源头的一道关隘和出水口。京师承载着龚自珍20多年的光阴岁月，这次南还时他面对西山赋诗告别：“太行一脉走蝹蜿，莽莽畿西虎气蹲。送我摇鞭竟东去，此山不语看中原。”太湖、洞庭湖在龚自珍的诗文中屡次出现，太湖位于江南运河流域，是运河的重要补给水源，周边有着众多的风景胜地，如洞庭山的茶花，龚自珍曾赋诗：“今日闲愁为洞庭，茶花凝想吐芳馨。”上方山又名楞伽山，地处太湖东侧，运河水由其东侧数里的宝带桥流入太湖。或许是因早年归隐太湖洞庭山的意愿未能实现，诗人曾于此处的楞伽寺塔俯视清秋寥廓之景时赋诗云：“拟策孤筇避冶游，上方一塔俯清秋。太湖夜照山灵影，顽福甘心让虎丘。”途中龚自珍又过无锡游惠山、镇江游焦山。惠山，位于无锡西郊的运河码头附近，上有九峰，下有九涧，以山势秀丽著称，龚自珍诗云：“惠山秀气迎客舟，七十里外心先投。惠山妆成要妆镜，惠泉那许东北流？”焦山在镇江东北，屹立江中，由于其地理优势成为自古以来的江防要塞。龚自珍曾携女阿辛在此游览，归舟时恰逢江上大雪，面对此情此景他即兴赋诗："古愁莽莽不可说，化作飞仙忽奇阔。江天如墨我飞还，折梅不畏蛟龙夺。"借诗言情，字里行间表现出了龚自珍独来于天地之间的雄伟气魄，以及不向恶势力屈服的顽强精神。

尽管此次南还时龚自珍已经辞官，但行走在运河上的他依旧不忘国事，时刻关心着沿岸的土地水利、民情民生。古冀州地处北运河流域，因运河水的灌溉，当地土地肥沃，龚自珍曾提议在此种桑，但此次南下所见之景却让他大失所望："满拟新桑遍冀州，重来不见绿云稠。书生挟策成何济，付与维南织女愁。"运河不仅与东部平原的五大水系相通，而且与数百个湖泊互补互济，其中太湖横跨江苏、浙江两省，是运河江南段的重要水源之一，其水利建设的重要性不言而喻。但由于当时土地兼并情况严重，太湖区域的水利建设也受到了严重的影响，对此龚自珍忧愤感慨："太湖七十溇为墟，三泖圆斜各有初。耻与蛟龙竟升斗，一编聊献郏侨书。"辞官归途尚能如此关心国计民生，龚自珍爱国忧民的热忱可见一斑。

正所谓"十里不同风，百里不同俗"，运河上漂泊，面对不同的民情风俗龚自珍诗云："北俊南孊气不同，少能炙毂老能聪。可知销尽劳生骨，即在方言两卷中。""黄河女直徙南东，我道神功胜禹功。安用迂儒谈故道，犁然天地划民风。""家住钱塘四百春，匪将门阀傲江滨。一州典故闲征遍，撰杖观涛得几人。"

除了上述内容，《己亥杂诗》中还有着各种自述诗篇、心态感慨，龚自珍用诗词揭露当时社会的黑暗，表达对国计民生的关心，述说衰世国运的忧虑。生于运河，长于运河，大运河的沿线都留下了这位行旅诗人的足迹，他的运河诗文是其一生的记录，也是其先进思想的真切表达。

十、钱塘歌妓苏小小

“金粉六朝香车何处，才华一代青冢犹存。”
“千载芳名留古迹，六朝韵事著西泠。”
“湖山此地曾埋玉，花月其人可铸金。”
“十载青衫频吊古，一抔黄土永埋香。”

南方有佳人，绝世而独立，一顾倾人城，再顾倾人国。位于西子湖畔西泠桥边，有一座穹形墓亭，亭上刻有12幅楹联，每一幅楹联都流露出对墓中人的赞叹和惋惜，这位墓主就是钱塘名妓苏小小。“几辈英雄拜倒石榴裙下”，她是什么样的女子，竟引来如此多的英雄人士的流连；“才华一代青冢犹存”，又是何等的才情，才能让这么多文人雅士惋惜她的离世。苏小小虽不如苏轼那般名声远扬，也不如白居易那般为众人所知，但是她凭借自己的善良、美丽与独特的才华给杭州这座城市更增添了一份才气与情怀。

苏小小，南齐人，出生于钱塘（今杭州市）一户殷实人家。苏小小自小被父母视为掌上明珠，因其长得娇小玲珑，故取名为小小。小小自幼聪慧过人，父亲吟诵诗文，她一眼就会。小小六岁，父亲不幸病故，随后不久，母亲也离开了人世，临终时，将小小托付给了贾姨妈。苏家有女初长成，几年后，小小出落得更加标致，且富有才华，气韵非凡，很快成了杭州第一歌妓，艳名远播，赢得了许多风流倜傥的少年和达官贵人的青睐，但苏小小并不喜欢这样的生活，相反，她十分喜爱西湖的山水，所以常常乘车游览于山水之间。一日，小小和往常一样，乘油壁车在美丽的西子湖畔游览，遇见了一位骑着青骢马的少年公子，公子为小小的美丽所倾倒，但又不敢上前询问，小小见公子有情，自己也甚是喜欢，于是灵机一动，吟诵了一首诗：

妾乘油壁车，郎骑青骢马。
何处结同心？西陵松柏下。

苏小小将自己的住处藏于诗中，如果少年有意，就可以根据此诗找到她。后来二人喜结连理，同游山水，过上了一段幸福快乐的日子。但是好景不长，这位少年竟是当朝京官的儿子——阮郁。他的父亲不肯接受苏小小，便派人将阮郁带回了京城，自此，再也没有回来。只留下小小一人在西泠桥畔独自等待着心上人归来，日日夜夜。

时光流逝，心上人却再未出现过，但她并没有因此一蹶不振，而是振作起来，重新回到了原来的生活状态，小楼再次宾客盈门。直到有一天，在西子桥畔，小小与一位布衣褴褛、满脸愁容，却酷似阮郁的少年相遇了，与他交谈后，知道他叫鲍仁，准备进京赶考，但是遇到了些困难，善良的小小慷慨解囊，书生在得到小小的帮助后，成功进京赶考并获取了功名。次年开春，鲍仁出任滑州刺史，他一直想回去看望恩人，可他到杭州后却发现小小已经香消玉殒。鲍仁悲痛万分。于是，他按照小小的遗愿，将其安葬在了美丽的西泠桥边，并在墓上建造了一座六角攒尖顶亭，来悼念当年的恩人，名曰“慕才亭”。

如今，你若去游览西湖，便可以看见这座造型独特却甚是低调的六角亭与墓碑静静地坐落在西泠桥畔，仿若苏小小仍在默默地等待她的心上人归来，日复一日，年复一年。

第八章　船歌民谣悠悠大运河

一、运河漕运的故事

对于生活在京杭运河边的人来说，“漕运”二字并不陌生，即便是今天这个词如同京杭运河昔日的繁华一般，慢慢地淡出了人们的视野，作为大运河繁荣的最好见证，漕运依然能勾起大运河历史承载的记忆。

大约2 500年前的春秋时期，吴王夫差为北伐齐国，命人开凿邗沟以便输送军队，运河从其开始就担负了漕运的使命。此后随着历史的延续，隋朝统一中国后，公元605年隋炀帝下令开凿通济渠、疏通古邗沟，之后又连接起永济渠、江南河，京杭大运河具备雏形。虽然传说中隋炀帝开凿运河，是为了由洛阳南下扬州观赏琼花，但这毕竟是历史的戏说。隋朝大运河的全面疏通，根本上是为了大一统帝国政治经济稳固与发展的需要，因而也为漕运事业的蓬勃发展奠定了基础。

漕运物品以粮食为主。运送的粮食要供宫廷消费、朝廷百官俸禄、支

付军饷以及民用。以上种种足见漕运对封建王朝的重要性，兵家有言“三军未发，粮草先行”，毫不夸张地说，漕运是一个王朝的命脉。作为封建帝王，无一不希望江山永固。若想江山永固自然要牢牢控制住王朝命脉。据相关资料记载，历代统治者为管理漕运各有方法。随着中央集权的不断加强，封建君主专制的进一步发展，至明朝漕运方法趋于完善。而到了清朝，随着漕运最高长官——漕运总督的设立，漕运更是发展到了顶峰。常言道“伴君如伴虎”，君王多疑。掌管漕运者多为亲信，可亲信便会得到皇帝全心信任吗？若是全心信任，也不会有“文催武押”的说法，即文官负责各地漕粮的催缴，武官负责押送至京师。水漫则溢，盛极必衰。清朝是君主专制的顶端，也是封建王朝衰落的开始。道光年间鸦片战争爆发，英军攻占京杭运河与长江交汇处的镇江，封锁漕运。太平天国年间，南京和安徽沿江一带被占领十多年，运河漕运中断，以杭州为代表的运河沿线主要城市遭受重创。后来，随着上海成立轮船招商局，运河漕运停止，至1904年漕运总督撤废，漕运退出了历史舞台。如今只留下漕运总督府遗址在，供今人在参观游览时了解那段云烟过往的历史。

漕运虽是为运送公粮，但也极大地带动了沿线城市的经济发展。“人生不愿万户侯，但愿盐利淮西头。”这其中佼佼者当属盐商。封建王朝重农抑商，即便如此商人财富仍不可小觑。乾隆皇帝颇爱下江南，扬州游玩之时盐商为讨帝王欢心，竟在一夜之间以盐为材料砌起一座白塔，乘船于瘦西湖上远远望去竟难辨真假。一夜起塔，不知耗费多少人力、物力，盐商之富，大抵可见。盐商为何如此富有？仅仅是经营有方？只怕未必，大抵多有官商勾结。漕运兴盛之时，官员富商生活奢靡，夜夜笙歌，平民百姓却苦于赋税，生活贫困。运河两岸多纤夫，待漕运衰落，失去谋生手段，他们的生活陷入困顿。

京杭运河的终点是杭州的拱宸桥，或许这里也曾是漕运的始发点之一。江南自魏晋南北朝经济重心南移之始，便一直是富庶之地。站在拱宸桥上不禁令人回想，当年有多少艘装载着粮食的船只从这里出发，浩浩荡荡地驶往北京。这里曾经又诞生了多少传奇，发生了多少可歌可泣的故事。桥的西边是历史文化街区，再往北是拱宸桥西码头，这里停靠过康熙、乾隆二帝南下的御船，想必也有漕运船只在这里停靠过。

二、湖墅河边古码头

通常所说的湖墅一带，指的是现今杭州市拱墅区的南部，这里是京杭大运河的最南端。得利于大运河交通之便，这里自古以来便商人富豪云集，码头繁华，名胜古迹也颇多见，旧时这里有“十里银湖墅”之称。湖墅一带因大运河而繁盛，大运河最大的功能便是交通和物资转运，因此仓库和码头便成了湖墅一带具有典型性的区域标志。

运河码头经过时间的精雕细琢，把杭州的艺术、科学和历史巧妙地融为一体，体现着开放和包容的文化精神。在运河两岸，河埠和码头随处可见，有的是以粮仓的名字命名，有的却没有名字。在湖墅河边众多的码头和河埠中，最有名的是三大码头，分别是御码头、鱼蟹码头以及客运码头，它们是杭州走向外边的始发点，也是外人进入杭州的必经之路。

御码头的旧址位于德胜路与运河交界处的霞湾桥西北一带，是运河边上最著名的码头之一。经过时间的洗礼，原有的旧码头已经差不多看不到了，现在我们能看到的是复建后的御码头，位于运河和胜利河交汇处的东南方向，也就是旧码头的斜对面。乾隆御码头包括码头、南熏轩和碑亭三个部分。

参考历史资料和实地考古，旧御码头都是位于运河的西岸。新建的码头最大限度地还原了旧码头的原貌，其中，码头平台的长度为42.5米，伸出驳岸的长度达到4.2米，改造驳岸长61.7米；南薰轩为歇山顶穿梁式建筑；碑亭为单边2.1米的六角重檐亭结构建筑。我们现在可以看到，御码头东边与极具古香古色韵味的华光桥相连接，南边则是左侯亭及韩世忠、梁红玉等的雕像，西边对应的是修建在运河之上的“乾隆舫”餐厅，北边还有著名的香积寺、大兜路风情街等。御码头被巧妙地融合在“湖墅八景”之中，在运河旅游风景线上独树一帜。

鱼蟹码头在江涨，作为杭州运河边上最古老的鱼市，与其他集市相比，虽稍微逊色于米市，到今天为止已历经千年的风吹雨打。

南宋时期，鱼市上的货物就已十分丰富，杭州周边的各种鱼鲜水产都在此进行销售。运河沿岸各种鱼行逐渐兴起，运河上的渔船往来不断，著名的“江桥渔火”就是这一景象的生动写照。最初的城北鱼市，包括了江涨桥到黑桥的整个区域。清朝时候，许多装满肥美鱼蟹的船只都会停泊在霞湾巷的埠头，从而在杭州运河边上形成了又一个重要的鱼蟹集散地。大兜路、霞湾巷、渔家台、蟹舟弄都是因为曾经的渔业特色而享有盛名。人有悲欢离合，市有兴衰变换，江涨桥的各类行业虽然在历代有所差别，但是，鱼蟹生意一直长久不衰，扮演着重要角色。站在今日的江涨桥上，如果我们不了解它曾经的历史，即使回首千万次，也无法想象它曾经的壮丽辉煌。

小河客运码头在运河史上的地位极其重要，即使是在交通方式极为发达的今天我们也能感受到它曾经的重要职能和地位。小河客运码头地处登云桥和大关桥之间的运河西岸，也是余杭塘河、小河以及运河三河汇集的地方。明清时期，众多商旅集会于此，各类货品应有尽有，从而形成了著名的“康桥小市”景象。

1914年到1936年间，除了轮船运输以外，木帆船运业也很发达。当时，每天的旅客超过千人，运载的货物也超过千担。每当香市、庙会到来之时，许多经过运河乘船到杭州的香客们就会在湖墅上岸，然后到香积寺上“运河第一香”。到了近代，客运码头已经逐渐发展成为杭州城北区域主要的百货集散、堆积和加工竹木的地方，小河客运码头的历史地位和重要性不言而喻。

漫步于运河边上的古码头，一眼望尽曾经的古迹。码头与运河密不可分，运河的存在催生了码头的出现，码头的出现又繁荣了运河，二者都体现着开放和传承的文化质地。

三、周家桥边老埠头

经过历朝历代的发展，大运河南端的杭州也陪伴着运河，逐渐成为“樯帆卸泊，百货登市”的大都会。有着几千年历史的运河汇流杭州，像树叶上错落有致的经脉，传送着这座城市的活力与繁华。杭州的市井也大多依河而建，民居临水而居，形成了船多、桥多、坝多的景象。

“埠”，本意为停船的码头，是江河沿岸及港湾内供停靠船舶、上下旅客和装卸货物的建筑。因杭州沿着运河而生长，自然少不了许多“埠”，李家埠、金家埠、华家埠、彭埠等等，都有着十分久远的历史。这些埠大多以姓氏命名，多是各姓聚集而居的地方。那时的河埠没有现在的港口那么大，就是运河两岸沿河而建的房屋为防水淹而将房屋基础建得比河面高出一段，入水的踏级被称作“水埠”，杭州河多，所以杭州人更多称之为“河埠”。在没有公路汽车的时代，船舶运输极为重要，城镇临河，弄堂与码头是货物运输的唯一公共通道，所以这种码头有其特定形式。河埠头呈斜坡形而少石阶，码头呈喇叭形下大上小，码头旁有系船绳的木桩，利于停船栓桩。运河上的河埠千姿百态，有作商用的，也有供自家浣衣洗菜作私用的。早晨，妇女们聚在一起边洗涤边谈天说地。她们无拘无束，畅所欲言，谈论着东家长西家短。这些琐事往往就这样口耳相传，传至街头巷尾、桥东桥西，河埠也因此成为信息的汇集地。然而现在，随着交通业的发展，水运逐渐衰败，过去常见的河埠码头也渐渐湮没。

旧时的河埠，是市镇兴起的直接原因，各种小船泊于埠头，小船的咿呀声，商贩的叫卖声，商人的点货声，起伏不断。茶叶、丝绸、粮食，以及外地的各色商品，皆以此处为集散口岸。凭借运河水之便利，河埠边的民宅也做起了小生意，顿时商贾云集，店铺林立，由此催生了服务业的发展，茶馆、糕点铺日日门庭若市。从北方坐船一路往南的旅人，看到了大运河上的一座座江南小桥，便知杭州不远了。他们乘船经过河埠，慢悠悠的时光消耗了多少寂寞与忧愁。当南来的船只停靠在河埠头上时，高挑的黄色酒旗、喧嚣的市井叫卖、岸上穿梭的路人——眼前的种种景象表明，这是一个富庶繁华的小镇。

河埠周边的小巷里，青砖黛瓦之间深刻岁月的痕迹。埠上的河流时而湍急，时而舒缓，在屋檐底下穿行，一路曲曲弯弯，与运河支流相接。一座河埠的街坊，嵌刻着金字招牌，张罗着南来北往。一片水平的田野，是舟停的港湾。几百年前的繁华景象，在散发的心绪里若隐若现，在花开花落的季节里熠熠生辉。河东河西的变迁，印刻在泥墙上，在那临水的岸边，分享着河埠的遗存。

四、杭城端午赛龙舟

杭州龙舟赛，主要在城西余杭一带，尤以五常龙舟最盛。这是五常民间每年逢端午节必举行的一项大型民俗活动，流传至今已有近500年历史。清朝乾隆皇帝巡视江南时，看到划龙船像赶集一样的景象，欣然称之为“龙舟胜会”，一直沿用至今。

杭州端午节的龙舟胜会，很有地方特色。五常龙舟胜会的显著特点，就是竞赛技巧。闹龙舟集中体现在“划”上，而不是单纯地比速度快慢。在赛龙舟的类型中，五常龙舟在装饰上可分为满天幛、半天幛和赤膊龙船三种类型，其中满天幛和半天幛属于观赏性龙船，而数量最多的是赤膊龙船。满天幛龙船船头龙王后有木雕太子像一座，船尾插有龙纹大旗两面、大百脚旗一面。赤膊龙船装饰相对简单很多，它只在船头树立一个龙头，下面用粘泥固定就可以了。龙头由木头雕刻而成，造型、颜色各异，但都威风凛凛、活灵活现。在端午节中午12点至下午3点的时候，100余只来自十里八乡的各色各样的龙船就会汇集在五常滨口准备激烈的比赛。在四五百米长的一段小河道上，你挤我拥，熙熙攘攘，惊险热闹，水上浪花四溅，锣鼓激扬。同时，号子声也随之此起彼伏，岸边人山人海，呐喊声、喝彩声，遥相呼应，场面十分壮观。

通常在龙舟胜会前后，当地人们还有请龙王、谢龙王、喝龙船酒的习俗。在端午来临前，要先请龙王，只有请过了龙王船才可以下水，不然就是对龙王的不尊重。请龙王时村民们会准备一些米、红包等提前放在埠头，意思是等待龙王前来收取。在端午节划完龙船之后，他们就会用收来的钱买些酒菜在谢龙王后犒劳划手，这一天全村老少齐聚一堂，加上外地来的游客，场面极度热闹。

五常龙舟胜会是水乡独特的民俗节庆活动，具有广泛的群众性和民间传承性，体现着凝聚力。目前，每年端午节，五常街道都会在西溪湿地举办龙舟胜会，各村、社区小组等百余条龙船同时聚集参与龙舟胜会。余杭区还在西溪湿地洪园景区建立了一个建筑面积700余平方米、投资达200余万元的龙舟胜会展示馆，通过龙舟文物展示、声光视频展现、龙舟模拟体验等方式，向游客展示五常龙舟文化。同时，根据每年的端午民俗，以龙舟胜会景点为基础，开展龙舟胜会节庆活动，通过静态展示基地与动态的旅游活动，全面发展龙舟胜会这一活动。2008年，“五常龙舟胜会”被列入国家非物质文化遗产代表性项目名录。

五、大兜鱼市感怀多

杭州大兜路在运河湖墅街道香积寺旁，是一条与大运河平行的道路。夏日从这里走过，亮晃晃的太阳挂在天上，鸣蝉扎堆蜗居在梧桐中。然而这段处于市中心区域的道路，除了蝉鸣却别无喧嚣，似乎是安静地独立于繁华之外。漫无目的地沿着运河行走，杨柳依依，垂下的丝绦偶尔会掠在你脸上。坐在树荫下乘凉的老大爷，面目慈祥，悠然地摇着一把蒲扇。静谧的气氛中，你会遇到迎面路过的行人，还有间或开过的电瓶车，商店里老板娘细心地擦拭橱窗，音乐声缓慢地在空气中流淌，一切都是那样的从容祥和。

运河平静地起起伏伏，运河沿岸的庶众生息聚散，快乐着他们的快乐，喧闹着他们的喧闹，像极了母亲跟婴儿之间同频的呼吸，这份链接使得共生的两个生命更加安全。是啊，运河在杭州流淌过粮食储备基地——富义仓，供奉大圣紧那罗王菩萨的香积寺，“小桥流水人家”的大兜路历史街区……不仅有物质上的哺育，还有精神上的悉心照顾。

挑了一家餐厅，准备解决午饭。用餐的过程中，小麻雀试探靠近我的餐桌，在附近的石板上来回跳动。它很有趣，会把头紧紧地扎进石头缝里，渴望在那里寻得一些食物碎渣。我太投入看这个场景了，怎么就忘记把我的午餐分它一些呢，我可真是个吝啬鬼！

“它是生活在运河边的第几代麻雀？”我不知道。“或者，它是从哪个远方迁徙到这里的？”我不知道。“你说，这些麻雀是不是从前生活在运河边的人投胎的？这辈子，即使是成了没有思想的动物，也忘不了曾经生活的地方，无意识地飞来的？”这个答案，我还是不知道。

另外，我还难以想象从前的鱼市。听说，过去大兜一带的河埠头渔船密集。天黑以后，运河里渔火闪烁，江涨桥倒影与河面上的金色相互映衬，期待着三更时分的到来——“江枫渔火”，湖墅八景之一便是这样来的。

《湖墅小志》中记载：衙湾在通市桥东。内有香罗巷，北通大兜小兜。蟹行开大兜的地方，小兜但为载水果各物之划船聚集所……可见，当时的大兜是杭城一大水产批发市场，大兜渔场也因此得名。

现在呢？闻到鱼腥气味都难了。

这些漫无目的的瞎想，加重了运河在我记忆里的分量。我们用想象，借着史书单薄的讲解去丰富脑海里的故事。每个人构建的版本多少存在差异吧，因为我们还承载着这一世过往的体验。未来某天，也有那么一个人从几公里外的地方赶来，找到运河的一个节点，或许恰巧是我坐的位置，跟我点了一样的单，发呆时联想到了差不多的情节，这个人与我就构成了一个平行世界，现在与未来的链接因为运河的存在而得到了见证。

六、大运河上船夫歌

杭州是我国古代“吴歈”“越吟”两大歌体的交融点，京杭大运河杭州段水网地区也是明清年间大量民歌民谣、时调俗曲的传播地。运河上流传着船夫吟唱的船歌，这些船歌大多是当地百姓所唱的山歌和夹板书。千百年来，大运河上的船只往来不息，一首首船歌也成为回荡在运河流域的天籁。

勿唱山歌是哑巴，
勿听山歌是聋甏，
拉开喉咙唱一唱，
摇船公山歌满肚肠。

这是一首在杭州运河段流传的传统山歌《摇船公山歌满肚肠》，原记载于《运河风情》一书中，四句短歌唱出了运河上的船夫豪爽乐观的性格。“世间三样苦，开船打铁磨豆腐”，这是船夫们真实的生活写照。张长工在《田野的风》一书中收录了三首反映旧时船夫生活状况的歌谣：

（一）

江北佬，背稻草，
一背背到横河桥，
吧嗒一声跌一跤，
捡来当柴烧。

（二）

摇船摇到三里桥，
反动派次次要钞票，
三下子打得你嗷嗷叫，船民真苦恼。

（三）

有女不嫁弄船郎，
一年空守半年房，
有朝一日回家转，
点灯熬夜补衣裳。

船夫们不仅生活贫困，还要被反动派敲诈勒索；难得回一趟家，他们的妻子还要为其“点灯熬夜补衣裳”。这三首歌谣深刻地反映了旧时杭州运河段的船夫们悲惨的生活。船夫们一般生活在杭州的棚户区，为了维持生计而出卖劳力为雇主们撑船运货。晚清到民国年间，虽然已有铁路和公路运输，但杭州的丝绸、茶叶等大宗货物依然需要依靠大运河的便捷，走水路运往长江流域和北方商埠。船夫们往往要将货物运至天津、德州、武汉、九江一带。往返一趟需要数月，与妻子、孩子一年都难得一见，因此便有了妻子独守空房的哀怨。

长途运输的船夫为了使货物尽可能早地送交商旅，会尽可能提高航速。旧时有俗语“三日两苏州，夜夜在湖州”，这是说快班船要在三日内两次抵达苏州且在当天返回湖州，不在苏州过夜，这种日夜兼程的高强度工作也是船夫们的生活常态。船夫们日复一日、年复一年经历日晒雨淋，不分白天黑夜地摇船、运输，不仅晒黑了皮肤，还会在搬运货物时磨烂衣衫，他们皮肤黝黑、衣衫褴褛的形象也在清朝的民间唱本中有所体现：

水里摇船水里歌，
水里摇船能得几个大铜钱？
六月晒得泥鳅黑，
十二月冻得紫蝴蝶。

水里摇船水里歌，
水里摇船能得几个大铜钱？
穿身破衣千个穷心结，
头上戴个井栏圈。

伸脚伸去到灶前，
缩脚缩在下巴前。

水里摇船水里歌，
水里摇船能得几个大铜钱？
绿汪汪水当褥子，
丝草蓑衣盖身体。
万台眼浪当枕头，
芦扉眼里望青天。

这首记载于《明清民歌选》中的《摇船歌》流传于江南运河的船夫间，它唱出了船夫们对跑船生活的怨愤，也勾勒出了船夫们的苦难生活。他们在艰苦的环境中通过唱歌来抒发感情、舒缓疲劳，于是船歌里便有了一份辽阔与质朴，歌声里饱含着船夫浪迹天涯、四海为家的情怀。

过去是流动生产，以船为家是船夫们生活的常态，船在哪儿家就在哪儿。如今江南一带的船都改为了电力驱动，船夫不用再像父辈那样辛苦。作为运河文化的重要组成部分，船歌不仅见证了大运河数百年的沧桑历史，也见证了江南地区的富庶与兴旺。以船养家的生活还在继续，而那些悦耳动听、带着江南韵味的船歌也一直回荡在大运河上，传唱不息。

七、挂帆一夜到苏杭

唐玄宗天宝十四载（755）“安史之乱”爆发，天宝十五载（756）玄宗仓皇奔蜀，不少文士也纷纷逃往政局比较安定的江南避乱，诗人张继就是其中之一。深秋的一个夜晚，张继泊船于苏州寒山寺边上的枫桥，在静谧的夜色里听着悠远的古寺钟声，望着江上的点点渔火，联想到动乱的时局和自己的一路漂泊，写下了著名的七言绝句《枫桥夜泊》：

月落乌啼霜满天，江枫渔火对愁眠。
姑苏城外寒山寺，夜半钟声到客船。

时至今日，寒山寺俨然已经成为苏州的名片之一，尤其是新旧年交替时，无数的游客选择去寒山寺撞钟祈福。但是一门之隔的枫桥景区却并没有得到应有的关注，很是令人心生遗憾。

枫桥景区位于寒山寺对面，沿曾经的古运河两岸而建。枫桥景区所在地与寒山寺同为枫桥古镇的组成部分，历史上是一个非常繁华的地方。这里有着独特的水乡风韵，加之枫桥古镇地处水陆交通要道，舟楫往来，商旅云集，可以想象曾经的繁华热闹。宋元之际，枫桥市肆已闻名遐迩，并在明清时期达到空前繁荣。唐伯虎诗里写道："金阊门外枫桥路，万家灯火迷烟雾。"到了清朝，枫桥已成为全国最大的粮食集散地，有"枫桥塘上听米价"之说。1860年，太平天国进军苏州城，清军放火烧城，使十里枫桥塘化为废墟。如今规划、设计、修复的枫桥景区，尽可能地保留了历史上的模样。关于枫桥，还有另一种说法：枫桥是一座江南常见的单孔石拱桥。大运河在此通过，这里又是官道所在，南北舟车在此交会，旧时每到夜里航道就要封锁起来，这里便成了理想的停息之地，此桥便因此得名“封桥”，后因张继的诗而易名“枫桥”，并沿袭至今。

实际上，《枫桥夜泊》对于大部分从小读着唐诗长大的中国人来说，不仅只是一首诗，它还饱含了一种精神的所在。它将作者的羁旅之思、家国之忧，以及身处乱世不知归泊何处的忧思愁绪充分地表现出来了，是写愁的代表作。全诗形象鲜明，可感可画，句与句之间逻辑关系又非常清晰合理，内容晓畅易解。枫桥、寒山寺、运河，这些承载着深厚历史文化意蕴的符号，千百年来延绵不绝，传承着这个诗之国度的悠远文脉。如今不仅中国各种唐诗选本选入此诗，连亚洲一些国家的小学教科书中也收录了此诗。

八、竹枝词与莲花落

竹枝词起源于四川蜀地民歌，成型于刘禹锡的诗化变革，兴盛于人文意趣十足的宋朝，后广布于全国各地，形成了各具特色的有地域代表性的竹枝词，例如北京竹枝词、西湖竹枝词、鄂西土家竹枝词等。其中，西湖竹枝词就是柔美隽丽的江南水乡的地域产物。宋代词人苏轼有言“欲把西湖比西子，淡妆浓抹总相宜”。在苏轼眼中，西湖无论如何都是美的。虽说如此，却是素雅清巧的淡妆更容易打动人心，勾起人们心底对纯净美的幻想。在这幻想之下，大大小小丰富的爱情故事在这里上演或是被叙述传唱。人们为了用一种合适的“文风”或题材来抒发对西湖美景的热爱、对爱情的向往，于是选择了西湖竹枝词。

以元朝杨维桢的《西湖竹枝集》和清人陈璨所著《西湖竹枝词》为代表的西湖竹枝词，其文风有三大特点：其一，西湖竹枝词的七言魅力在于浅显易懂，朗朗上口，处处情思；其二，江南四季开花，西湖竹枝词好用花为独特意象；其三，江南地区风光秀丽，物阜民丰，生活富足，竹枝词的创作也透露出安逸宁静之感。随着时代的变迁，西湖竹枝词的风格也不断发生变化。元朝喜爱表现男女爱情，且看杨维桢《西湖竹枝集》九首，“为郎歌舞为郎死”“弹得鸳鸯一处飞”，每一首都是关于等待着爱情的故事。明朝则时有感时伤怀，看瞿佑的《西湖竹枝词》：“西子湖边杨柳枝，千条万缕尽垂丝。东风日暮花如雪，飞入雕墙两不知。”清朝则有质朴的风土人情的咏叹：“十二月时梅半开，西湖踏雪少人来。青帘卖酒烟火绝，唯有钓鱼翁独回。”

“越女红裙娇石榴，双双荡桨在中流。憨妆又怕旁人笑，一柄荷花遮满头。”这是徐渭在《镜湖竹枝词》中描绘的一幅邻家少女初长成，在湖中乘船游走，面带青涩妆容，身着鲜艳红裙，内心蠢蠢欲动想要引起别人注意，却又羞羞答答，用荷花遮遮掩掩的湖光人景图。任何人看到这幅景色，想必都会被湖上荷花荡中少女春心萌动、甜美娇羞的样子所打动。镜湖是徐渭家乡，浙江绍兴的名湖，全诗所描绘的镜湖景色其实亦是浙江吴地所共有的地方性典型景观。这位明朝画家，用自己的文人画家素养，通过文字为人们描绘出了最典型的吴地秀美雅致的风光。

如果说西湖竹枝词展现的是吴地文人对这片土地的情怀，那么绍兴莲花落则是这大地生养的所有劳动人民的欢歌。莲花落早期的雏形是一些乞讨之人的口头传唱歌，分布于全国。随着佛教的发展，中期的莲花落成为佛教宣传唱文，后期则变成戏曲的一支，在全国各地形成和地区方言结合的特色民间曲艺。绍兴莲花落，顾名思义，是用绍兴方言表演的说唱艺术，在绍兴、余姚、萧山、杭州等多地流传至今。

绍兴莲花落作为首批国家级非物质文化遗产，据说起源于清道光年间，至今已有百年历史。绍兴莲花落最初只是劳动大众口头表达祝福的短小说辞，人们沿着家家户户的门户，嘴里恭祝着："吉祥如意、恭喜发财。"后来逐渐发展成有故事情节的小短文，代表有《娘家节诗》《茶叶节诗》《湖节诗》，内容多反映民间生活，主人公多为手工业者、农村妇女。继而变成说唱的书目，如《马家抢亲》《天子送》等，记录人们的世俗生活，从中可以窥见对传统戏曲的借鉴。莲花落以绍兴方言说唱，语言通俗、生动，幽默风趣。且看胡兆海《回娘家》："二娘喂，正月娘家侬勿能去，村里有十八日的灯头戏，若有客人到屋里，烧茶煮饭全靠你。"莲花落唱词通顺流畅，通常由三人合作，一人为主唱，两人用鼓、板等简单打击乐器进行帮唱，它以贴近生活、诙谐幽默的艺术特色，一直广受群众欢迎。现代莲花落不断创新，以胡兆海、翁仁康、倪齐全为代表的一大批绍兴莲花落表演艺术家脱颖而出，《回娘家》《傻瓜闪光》《卖座》《救爹》等莲花落精品不断涌现，内容精彩纷呈。

九、运河水路戏班船

京杭大运河自古以来便是"水路即戏路"，作为沟通五大水系的枢纽，不仅兼顾了运河一般的航运功能，还对我国曲艺事业的发展产生了极大的促进作用。自大运河建成以来，沿运河两岸就诞生了许多以江南水乡为背景的水路戏班，也称"擂船"。他们以船为载体，沿运河水路向沿岸送戏，是运河文化的重要构成元素之一。从出现最早的杭嘉湖水路戏班船开始，运河水路戏班已有成型的编制。

至20世纪前叶——水路戏班的全盛时期，各路戏班开始实行班主负责制，又因该编制常由十八个演员加“半个”管事儿的组成，遂称为“十八个半”戏班。班主是戏船的最高领导者。对于水路戏班而言，其最高领导者除了要有过硬的专业能力外，还要具备一定的行业号召力和经济实力，以满足戏班成员的聘用及演员生活和演出的收支等问题。班主的左膀右臂是“坐中”和“总管”：“坐中”负责后台管理，包括曲目敲定、角色分派和戏文排练等；“总管”负责确认演出事宜，包括演出地点、收支以及戏班艺人生老病死、吃喝拉撒等方方面面的生活琐事。除了“坐中”和“总管”，戏班还都有“半个管事儿的”，开码头、接业务都是这“半个人”的职责。此外，戏班成员还少不了各种角儿、龙套、乐师和杂役等，他们兼顾艺人和水手，舱顶能唱戏，船尾能摇橹，塘堤还可拉纤，全都不在话下。

乾隆年间，为向高宗贺寿，四大徽班三庆、四喜、和春、春台陆续沿运河北上京城（北京）。其间，各派戏班，相互借鉴，互相渗透，彼此交融，在抵京十年之后，应运产生了后来的国粹艺术——京剧。除了南方戏班北上京都之外，北方戏班也沿运河南下，其中最著名的要属卞家班。卞家班以武戏著称，其中最吸引人的是“虎跳”“筋斗”等场面。同大多数北方戏班一样，卞家班带着一身的表演技能，以船为家（兼作戏台），沿运河顺流而下，从我国北方千里迢迢漂到南方，把北方曲艺的魅力散播在这天堂之乡。

清朝后期，内忧外患，百姓娱乐生活单一，戏曲作为娱乐生活的重要组成部分为大众所喜爱。此时的水路戏班文化在长江三角洲一带发展到了巅峰，并在光绪年间分成四派：无锡常州派、浒墅关派、杭嘉湖派、绍兴余姚派。这时的各个派别只在规定的区域演出，相互之间并不往来。

1949年以前，战乱纷争，百姓流离失所，戏班船也慢慢地淡出了人们的生活。直至今日，戏班船才开始作为运河旅游文化主题表演项目再次出现在公众的视野之中。

大运河连接了我国的经济和政治中心，也是我国南北方文化交流的桥梁。以大运河为载体的水路戏班船同运河一起见证了我国近代的历史发展，既有过辉煌，也有过寂落。它的存在，极大地丰富了当时人民的精神世界，抚慰了特殊历史背景下运河沿岸广大人民的心理创伤。有了戏班船，南北方优秀的曲艺文化随着运河之水从南流向北，再由北流向南，起承转合之间在激荡的运河水中漾起了我国南北方文化与经济融合发展的浪花，年年岁岁、生生不息地哺育着祖国大地上的亿万人民。

十、杭州运河船民习俗

源远流长穿越历史的京杭大运河，不仅为杭州的湖光山色增添了一分美丽，而且也为杭州带来了更加丰富的文化积淀。在丰富多彩的运河文化中，运河船民一直作为一个特殊的群体存在着，他们在浩浩汤汤的历史长河中，形成了富有特色和内涵的运河文化习俗。这些运河船民习俗是中华民族优秀传统文化的重要组成部分，同时也是某一特定历史阶段运河船民社会生活的真实写照。杭州运河船民习俗，也在2007年6月被列入了浙江省非物质文化遗产名录。

京杭大运河南端通过东线、西线和中线三条线路分别进入被称作长江三角洲圆心地的杭州市余杭区，这里同时也是“中华文明曙光”——良渚文化的发源地，享有“鱼米之乡”的美誉。人们常说“靠山吃山，靠水吃水”，运河百姓也正是践行了这样的朴素的生存智慧，靠河而生，以船为家。在长年累月的船上生活中，船民们慢慢地就形成了一些独特的习俗。

一般来说，我们可以把运河船民分为两类，其中一类是专注于水路运输的船民，另一类是以捕鱼维持生计的普通船民。虽然两类船民不同，但是他们都长期生活在船上，面对的自然环境和社会生活环境有相似之处。

几乎所有船民都长期生活在运河之上，自己家的船也颇有讲究。船民在自家的渔船上都会设置一个鱼舱，这个鱼舱可以让船外面的水和里边的水相互流通，并且不能让其他人看到自己家的鱼舱。当渔船有损坏之时，船民也不能随意修整，修船必须要选一个好日子才行。

在运河船民的信仰中，“船头菩萨”的信仰广泛存在。在造船或者修船的过程中，船民都禁止在船头的中间位置敲打铁钉，认为该区域是“船头菩萨”的地盘，还会设置香炉供奉“船头菩萨”。在新船打造完成准备下水之前，船民要举行祭祀水神的仪式，红绸飘带挂满舱门和船艄，同时还要准备牛羊猪、香蜡纸烛、鞭炮等物品进行祭祀。过年的时候，船民大都会把船靠岸，过完年后初六或者初八再放鞭炮开船，祈求新的一年平安好运。

在行船的过程中，船民们会高唱“船歌”以消遣娱乐，消解行船的苦闷无趣。由于长期在船上生活，船民们形成了不少无形的规则，包括孩童降生、婚丧嫁娶等各个方面。一般来说，船民在船上生下小孩后，会用凉水清洗小孩身体，三天后用同样的方法再洗一次。为了防止小孩掉入水中，船民会用绳索拴住小孩的腰，牢牢地把他们挂在船上边，所以我们会听到“船家的儿女——成串”这样的歇后语。如果孩子是第一次去外公外婆家，船民会把船桨上的水让小孩舔，预示小孩从此以后水性极好，能够更好地适应船民生活。

船民成亲也极具特色。船民的子女长大之后，很少有人会寻找其他人家作为结婚对象，大多数年轻人的结婚对象都是船民。在婚礼当日，男女双方家的船会各自停在河的对岸，女方会戴着凤冠穿着红衣坐着特定的小船来到男方家的船上，在男方家的船舱里举行拜天地和拜“船头菩萨”的仪式。婚礼第二天，两家的船就会离开，女子正式成为男方的家人。

当然，运河船民也有很多的讲究和禁忌。在生活方面，吃鱼的时候不能够翻动鱼的身体，认为翻动鱼身会引来翻船的不好预兆；不能随意把筷子架在吃饭的碗上，这是许多地方都有的习俗；由于“盛”和“沉”字读音相似，被认为是一种不吉利的预示，因此在加饭的时候不能说“盛饭”，而要说“加饭”或者“添饭”；打翻饭碗也被看作是翻船的一种预示。在行船方面，当看到或经过正在修建的新桥时，船民不能说话；当桥上有狗迅速跑过时预示着当天的生意会很好，而狗在桥上东张西望则表示生意不好。在捕鱼方面，运河船民也有很多讲究。如果在早上撒第一网的时候有捕到白鲦鱼，那么船民会认为这一天运气不会好；相反，如果第一网捕到的是鲤鱼，那么就预示着今天是“利市”。捕鱼结束后，船民不能把渔船停放在两艘船之间。倘若有人掉进水里，衣服不能直接用水洗，而是要等到晒干了才能用水清洗，认为这样可以避免下次再掉进水里。

随着交通条件的改善，运河船民的生活方式也发生了巨大变化，进而导致了习俗的变化。运河船民习俗承载着丰富的历史文化信息和原始记忆，国家和政府也意识到了这一点，因此积极地采取各种措施保护这些极具特色的运河船民习俗。现在，“杭州运河船民习俗”已经被列入了浙江省非物质文化遗产保护名录，这无论是对继承优秀的中华传统文化还是推进运河文化研究都是极为重要的。

第九章　运河南端的民俗风情

一、官塘河沿岸风貌

官塘河又名“余杭塘河”，它起于余杭镇余杭闸，经过仓前镇，一路向东进入杭州，最后经观音桥（莫干山路）、卖鱼桥（湖墅南路）注入京杭大运河。据马时雍主编的《杭州的水》记载：“官塘河开凿于南宋，南宋淳祐七年，杭州遭遇大旱，西湖见底，百井干涸。朝廷出台‘引天目水工程’：通过余杭塘河，将天目山上的水，从余杭引到八字桥，再从八字桥凿渠直通西湖。注入西湖的天目水经地下涵管，流入临安城。100年后，元朝末年，为了便于军粮运输，吴王张士诚率20万军民，历时十年，从江涨桥到塘栖，挖了一条宽二十丈的新运河，新运河在北端与余杭塘河相连，南端连接隋炀帝开凿的江南运河。”自此，产自余杭镇、仓前镇、蒋村乡的大米和其他土特产，经余杭塘河、京杭大运河，源源不断地运往北方，余杭塘河也因此被称为“运粮河”。

如今要推荐“最喜爱的滨河沿岸风貌”，余杭塘河沿岸当仁不让。作为杭州市区的主要河流之一，余杭塘河贯通京杭大运河，一直连接到杭州城西的余杭，河水清澈，沿岸风景如画，如今已成为杭州的宜居地带。沿余杭塘河进行运河游览，可以乘坐杭州水上巴士2号线，从武林门码头出发到西溪五常港站，从大运河进入余杭塘河，一路上欣赏两岸的风景，沿岸小河直街历史文化街区，浙江大学紫金港校区，终点西溪湿地，沿途高楼林立，清清的河水倒映着座座高楼的身影，河岸上的柳树垂着翠绿色的丝绦拂过河面，风韵悠然。

小河直街位于余杭塘河、小河、运河三河交汇处。小街不长，二三百米，青石板地面，两侧是明清风格的木结构民宅，其街巷特点、建筑风格、运河遗迹仍然保留着独特的历史风貌。街巷里，悠然的生活画卷令人沉醉，三四米宽的巷子里有水井、石墩、石台阶，两层楼高的民居白墙黛瓦，下店上寝，木门木窗。多数宅子临河而建，有居民在河埠头洗衣服浣墩布。漫步小河直街生活市集，姚宅、酱园、临河井、孵坊等历史文化遗址分布两旁，街角分布着咖啡馆、民宿、茶馆等极具文艺气息的小店，咖啡的香味在鼻尖萦绕，优雅的评弹声从茶馆里传出，百年前的生活记忆恍然再现，古色古香的街巷成为现代化城市中的独特风景，人们在这里停下了匆忙的脚步感受慢生活。

在北大桥大悦城附近可以看到杭州最高的烟囱。2008年6月，位于北大桥余杭塘河边的杭州热电厂整体搬迁，厂区内一根150米高的大烟囱作为工业遗产保留了下来，目前正在进行改造方案的评选，这根目前杭州城里最高的烟囱将被改造成一座城雕，成为杭州城北第一地标。

杭州最小的岛在哪里？它就在余杭塘河上，浙大紫金港校区往西一公里。大多数杭州人都不知道，它是非常小众的景点。小岛宽约十米，长不到百米，由一座木板桥与余杭塘河北岸游步道相连。春天时小岛上花团锦簇，红色木板铺成的游步道与尽头的长廊亭子相连，沿余杭塘河这种长廊有很多，供居民行人乘凉观赏，坐在美人靠上，放眼两岸，绿树红花，清风拂来，暗香扑鼻，耳畔只有鸟鸣声，令人心旷神怡。

过了浙大紫金港校区再往西，河岸由一块块巨大的鹅卵石垒成，上面满是涂鸦，巨石旁边种有水生植物，特别适合拍照。

余杭塘河滨河游步道的终点便是绕城公路，在南岸游步道终点，有一座高高的拱桥，站在拱桥上，看着绕城公路桥上熙熙攘攘的车流，置身于闹市之中，感受城市的喧嚣与匆忙。而在拱桥的旁边，则是浮华闹市的对立面，有一座清净的小型公园，绿水环绕，亭台假山，九曲桥点缀其间。据说，这是精心设计的一个植物迷宫，有着各种各样的植物，一年四季景色各异，很适合工作之余悠闲地野餐散步游玩，所以也叫“绿野仙踪”“爱情迷宫”。

沿余杭塘河的水上巴士2号线终点站是西溪湿地五常港站。西溪湿地公园是国家5A级旅游景区，是中国第一个集城市湿地、农耕湿地、文化湿地于一体的国家级湿地公园。西溪湿地有三堤：福堤、绿堤、寿堤；十景：秋芦飞雪、火柿映波、龙舟胜会、莲滩鹭影、洪园余韵、蒹葭泛月、渔村烟雨、曲水寻梅、高庄晨迹、河渚听曲。走进西溪湿地，千回百转的河湾水渚密布、摇曳轻抚的芦苇、众多飞禽走兽，空气清新，景色宜人，让人如临仙境。不同的季节来西溪湿地都会有惊喜，西溪的柿子便是惊喜之一。相传康熙南巡至此，有诗云：“十里清溪曲，修篁人望森。暖催梅信早，水落草痕深。”后其孙乾隆命人在西溪栽种了3 000余株柿子树，如今每年九、十月间，西溪火柿节已经成为极具感受性的柿子盛宴。其他如二、三月的西溪梅墅、梅竹山庄、西溪草堂和西溪水阁区域的西溪探梅节，四、五月间绿堤西溪花朝节，端午节的深潭口、洪园西溪龙舟文化节，十月、十一月秋雪庵、虾龙滩区域的西溪听芦节等，一年四季都能感受到西溪的生机与魅力。

二、运河边茶馆听书

从武林门码头站乘船，经停信义坊、卖鱼桥码头，最终停靠在古运河的最南端的标志性景点——拱宸桥。这不仅是了解江南运河杭州段的终点，更是了解这一段历史的起点。举世闻名的江南运河，哺育了这座城市，给这座城市带来了繁华与便利，沿水寻源，连接运河两岸的桥梁遍布，而在桥梁周边遍布了供行人休憩赏景的好去处——茶馆。

运河边星罗棋布的茶馆，见证着运河蜿蜒流淌的两千多年的历史文化。茶馆周围是居民居住的黄金地段和商品的交易集散地，俗话说“无桥不成市”，运河两侧分布最多的商铺便是茶馆。茶馆承担了娱乐、休息、消遣等多种功能。其中，大型的茶馆更是承担了“信息分享中心”等多种综合性的功能，成为运河两岸人们生活中不可或缺的一部分。有人来这里寻觅商业交易的对象，有人来这里听书消遣，有人来这里休息、谈天、聚会。“茶棚酒肆纷纷话”便是茶馆日常场景的真实写照。

茶馆里不仅可以下棋，还可以说书（讲大书）。杭州本地人古时一般都是凌晨三点多出门，四点左右便到茶馆喝茶，并吃些烧饼之类的早点。在吃早饭的过程中也会打听当天的商品交易情况。茶客喝茶时多用一个白瓷壶来倒茶，用来盛茶的器皿一般都是白瓷杯或者是小茶碗。通常情况下都是加上三五次水之后便不再加水，否则茶水的香味便会变得很淡。茶水钱也非常便宜，大致相当于现代的五角或者一块钱，有的茶客甚至可以在茶馆一壶茶喝一天。

杭州人喜欢在饮茶时听着茶馆内的说书。而喜爱这些说书的受众大多是一些中老年人，有时偶尔会有一些年轻人和小孩子。一般早茶是不说书的，说书的时间多为晚饭过后。茶余饭后之时，几人围坐一张八仙桌，配上茶水与点心，听着台上说书人娓娓道来。说书人一般都身着一件长衫，手执一把折扇，案上放着一块惊堂木。说到情节精彩或是惊心动魄之处，说书人经常会有击掌展臂等动作。说毕，惊堂木一拍作为结束，台下便会响起雷鸣般的掌声。

“京城一杯酒，飘香到杭州。”岁月沧桑，河山仍旧。青山不改，绿水长流。千百年来，江南运河静默流淌，来来往往的船只，似乎在诉说着历史的变迁。古老的运河在茶香氤氲中，在说书人的讲解中延续着千年的文明，迸发出崭新的活力。

三、湖墅的听戏习俗

自古以来在杭州湖墅一带，运河听戏都是一种传统，一种风俗。2019年恰逢大运河入选世界文化遗产名录5周年，在运河南端的拱墅区，一场戏曲盛宴“因河而起”“因河而兴”，打造了一场影响深远的运河文化惠民大戏。在首届大运河戏曲节上，戏曲爱好者们早早地守候在大运河畔，把拱宸桥头的荣华戏园挤得满满当当。戏曲节的主题戏歌《好运运河来》唱响大运河畔，戏曲名家们星光璀璨，大运河沿线剧种百家争艳，越剧折子戏《打金枝》《梁祝》等经典曲目精彩亮相，“大运河梨园网红”获艺术家点赞。著名戏曲艺术家、“梅花奖”得主陈雪萍和王杭娟携手助阵，带来越剧彩唱，余韵绵长的唱腔令人陶醉，现场掀起阵阵高潮。

特地赶来听戏的，不仅有拱墅的戏迷票友，还有从杭城四面八方赶来的戏曲爱好者。“能在家门口享受到这样高水准的‘戏曲大餐’，真的很开心，期待以后能有更多这样的机会。”在拱墅区图书馆工作的童卉激动不已。“我们从城南坐了一个半小时公交车过来的。”陈阿姨是老戏迷，平日里总爱去西湖边和票友们练练嗓子，这一次，她特地带着同样爱听戏的孙女一块儿来，“这些剧种平时我们只能在电视上听，这一次能看现场，特别过瘾！”

拱墅举办首届大运河戏曲节，为杭城百姓奉献出一场令人惊艳的戏曲盛宴，这是拱墅多年来振兴戏曲艺术、传承戏曲文化的一次厚积薄发，既有拱墅自古便有的戏曲文化底蕴，也有着广泛的群众基础。在拱墅，听戏习俗已经融入生活，戏曲文化的符号就像大运河上的水汽般氤氲弥漫开来，镶嵌到街头巷尾的文化墙上，沉淀在文旅产品的设计里，传入历史街区的大街小巷。

“拱墅戏曲底蕴深厚，首届大运河戏曲节以历史为轴，以戏曲为核心元素，依托大运河绵长的文脉，充分挖掘运河与戏曲的历史渊源，使运河戏曲成为拱墅区乃至杭州市的一张文化新名片。举办此次戏曲节，正是基于拱墅有着深厚的戏曲积淀。”拱墅有着深厚的戏曲文化底蕴，拱宸桥头的茶园始于宋，兴于清，自古以来是品茶看戏的好去处。清末民国初，大运河畔的拱宸桥一带就戏园林立。当时，以天仙、阳春、荣华、福仙四家老字号的茶楼戏园最为出名，戏曲名伶周信芳、谭鑫培、盖叫天等都曾在此献艺。当年京城“伶界大王”谭鑫培乘船从京杭大运河到杭州，在荣华戏园连演数日，场场爆满；而天仙戏园更是京剧大师盖叫天和周信芳的少年成名之地。

2005年，拱墅区将运河广场边的南戏楼命名为“荣华茶园遗址”，这个老字号的戏园再一次回到人们的视线里。2014年，近百位浙江曲艺名角在此开唱浙江传统剧目，为助力大运河申遗发声。2018年，拱墅区政府引入了专业演出机构来运营，荣华戏园再度开锣迎客，《十八相送》等一出出经典折子戏，吸引了周边居民和戏迷票友捧场。从此，戏曲演出在这里成为常态，运河畔又重现了歌舞升平的热闹景象。而荣华戏园因为集聚了一批像戚雅仙弟子、“梅花奖”得主王杭娟，张桂凤弟子、国家一级演员叶惠萍等著名戏曲名家，而成了运河南段名气响当当的戏园。乘着拱墅复兴荣华戏园的东风，戏曲作为大运河畔的文化符号再度强势归来，杭州人又重拾起了吃茶听戏的生活习俗。

如今，“越剧王子”赵志刚的赵氏工作室落户运河畔的富义仓，杭州最正宗的戏园——荣华戏园在运河边重开，民星大舞台久唱不衰，正在建设的运河大剧院和大运河艺术文化中心，今后都将成为戏曲文化传承与传播的阵地。芳草越剧团、大关京剧社等30余支群众戏曲团队遍地开花，7所学校被授予“大运河戏曲文化传承基地”，公益戏曲培训每月进文化站、进校园、进社区。拱墅已成为运河沿线戏曲文化繁荣振兴的重要阵地，因此也成为戏迷爱好者的集聚地。戏曲已经融入了拱墅百姓的生活中，“听戏来拱墅”成了老百姓的共识。

在运河两岸听戏是件赏心乐事，当运河的夜色被两岸的霓虹灯点亮，随着古老的拱宸桥畔幕布拉开，传来悠扬绵远的唱腔，看水袖翩翩，美目流转，听一段绝美的传奇爱情故事，仿佛在历史与现实的时光里穿梭，怎能不令人沉醉其中为之喝彩！

四、艮山求雨风俗

“艮”，是八卦里的一个卦符，为山之象，若作方位，指东北方向。“艮山”这个称呼毫无疑问是指山了。据《西湖游览志》卷十三记载：“艮山者，南山之尽脉。高不逾寻丈，今已陵夷，莫可指索。”“艮山”这个名字便是从那时一直延续到了现在。还有一种说法是：北宋时，宋徽宗赵佶曾在汴京的东北角修了一座宫苑，叫“寿山艮岳”。宋皇室南迁后，赵佶的儿子赵构在杭州建都时就把“艮岳”这个名字用到了这里，饱含了对于故国的思念。

提到“艮山”，我们会自然地联想到“艮山门”。“艮山门”，杭州十大古城门之一，早在吴越国时就存在了，那时它叫“保德门”。到了南宋时，保德门正式改名为“艮山门”。据说因为艮山门靠近坝子桥，所以它又被称为“坝子门”。和杭州的很多城门一样，这座城门也是在元末张士诚重新筑城时重建的，到民国时，艮山门被拆。因此现在这里既无山也无门，得此称谓，不过是因为当年的名字人们还在用。现在的艮山门一条长街横亘此地，熙熙攘攘，车水马龙。艮山门虽然无山，但却有水，一条与艮山门长街并行的河流——大运河，在这里川流不息。

我国有很多的传统风俗，几经流变，有的绵延至今，依旧存活于民间；也有不少风俗已成为历史，艮山求雨便是如此。民间求雨，早在中国商周时期就有记载，是一种围绕农业生产、祈祷丰收的活动，曾在各地区、各民族中广泛流传。人们认为，天旱是因为得罪了龙王爷，为求得龙王爷开恩，赐雨人间，就采用各种办法求助于神灵，有的以牲畜祭祀，有的抬着神位神像出游，有的扎草龙挥舞等，以此求得风调雨顺。古时的杭州，每逢大旱的时候都会举行求雨仪式。《西湖游览志余》卷二十四记载："西湖虽有山泉，而大旱之岁，亦尝龟坼。宋嘉熙庚子，西湖水涸，茂草生焉，官司祈雨无应。李霜涯戏作一词云：'平湖千顷生芳草，芙蓉不照红颠倒。东坡道，波光潋滟晴偏好。'逻者廉捕之，遁不知所往。"在当时的社会里，干旱无疑是一种无法抗拒的自然灾害，人们走投无路，只好祈求神灵。有时除了虔诚地祈祷礼拜之外，甚至还不惜使用巫术手段，一些地方出现的晒龙王、打龙王，便由此而来。

艮山求雨，是自古以来在艮山一带形成的一种风俗。相传在求雨当天，百姓们组成四五十人的求雨队伍，从艮山上步行到位于流水桥附近的杨墅庙，祈求杨墅庙里的元帅菩萨保佑降雨。在求雨的队伍里，除了踩高跷的、打锣敲鼓的人们，还会有五个人轮流背一个装着很重铁条的圆形实木箩筐，以向神灵表示虔诚。据说所背箩筐重数百斤，不是所有人都可以做到，因此需要挑选一些身材魁伟、体魄强健的男人来背运。百姓们对这些能够负重数百斤的人充满了敬意，称他们为"英雄"。所以，在从艮山到杨墅庙的路上，会经常看到有其他村的男人跑来抢箩筐，争先恐后当人们心中的英雄，以此证明自己的身强力壮。当时人们将求雨看得极其重要，是一项庄重严肃的仪式，所有参与的人都会认真对待，绝对不允许出现任何问题。尤其是负责踩高跷和敲锣打鼓的人们，为了避免在行进过程中出现状况，在六月前就开始了练习。同时，从练习到仪式结束都会安排两名官吏跟随队伍，专门维持秩序，保证仪式顺利有序地进行。

如今的艮山门早已充满了城市现代化的气息，只有一座"古艮山门"石碑静静地伫立于此，见证岁月更迭。但根据这些文献的记载，我们仿佛可以看到千百年前艮山门下百姓求雨的盛大场面。这是当时中国农民生活的真实写照，也反映了中国农民在面对恶劣的自然环境时追求生活安定幸福的美好愿望。

五、运河风俗蚕花会

蚕花会其实是蚕花庙会的简称，是流行于浙江桐乡、德清等地的清明文化活动。自古以来，养蚕缫丝就是当地蚕农赖以生存的主要经济来源。为祈求蚕茧收成好，蚕农总要在养蚕之时祭拜“蚕神”和“蚕花娘娘”，同时还会举行一些老百姓喜闻乐见的娱乐性活动。久而久之，每年清明前后的蚕花会就成了传统。然而，同是住在运河边上，同是靠养蚕过活，不同的乡镇却有不同的祭祀民俗仪式。

乌镇有句民谣：三月三、庙门开，乡下蚕娘出门槛，东亦逛、西亦颠，轧朵蚕花回家来。这生动地再现了当地养蚕人的生活。乌镇地处杭嘉湖平原腹地，栽桑养蚕已有上千年的历史。古代人们养蚕靠天时，蚕农们为了祈求神灵的庇护，形成了诸多的蚕乡习俗。蚕花会在香市期间，赶香市时，农村妇女们烧烧香，祭祭神灵，或添置一些蚕具、农具和日用品，除此之外还有一项很特别的民俗活动，那就是在庙里烧过香之后，还要到土地庙前面的水潭里洗洗手，俗称“洗蚕花手”。据说，在那里洗过手以后，养起蚕来就特别顺手，蚕也会无病无灾。

洲泉镇的水上蚕花会起源于南宋年间，至今已有800多年历史，是当地蚕农祈求蚕桑丰收的重要民俗仪式。以往，水上蚕花会都是蚕农们自发举办的，但随着经济的发展，从事蚕桑业的村民越来越少，水上蚕花会就中止了。后来，随着民俗文化的复兴，中断了近百年的水上蚕花盛会得以恢复，并重现生机。蚕花会虽然只有短暂的一天，却是四方乡民的狂欢节。很多蚕农为了赶赴盛会，天蒙蒙亮就会出门。仪式开始，蚕神娘娘船、缫丝船、蚕凳龙船和拜香船让人大开眼界，摇快船比赛更是让乡民们齐声呐喊，而压轴戏高竿船表演则把盛会推向了高潮。表演者在数十米高的竹竿上表演田鸡伸懒腰、倒挂锄头等。据了解，高竿船表演已传承了七代，延续了100多年。

在桐乡芝村有个龙船庙，蚕农在庙前河中集合，用雨船并在一起为祭坛，上供蚕神，设供品，祈求蚕业丰收。然后是表演文艺节目，号称蚕花盛会。祭蚕是为了蚕业丰收，同时也融入了求子风俗，如芜湖过“真清明”时，在前一天准备一个南瓜，第二天煮熟，夫妻对坐食南瓜，认为吃南瓜能生男娃。

马鸣庙位于洲泉镇西，在当地有“庙中之王”之称，每年蚕花会人山人海，热闹非凡，有迎蚕神、摇快船、闹台阁、拜香凳、打拳、龙灯、翘高竿、唱戏文等10多项活动。这些活动有的在岸上进行，绝大多数在船上进行，极具水乡特色。

每个地方的文化都是独一无二的，因此不同地区的蚕花会活动也很不一样。但是，运河沿岸的老百姓都认为蚕花会能够保佑一年之内风调雨顺，生活幸福美满。这也是中国传统民俗活动中蕴含的最重要的意义。

六、皋塘民俗死人节

“死人节”，其实就是中国的传统节日“中元节”。中元节与上元节、下元节合称“三元”，都是中国的传统节日。其中，农历正月十五日称上元节，乃庆元宵，古已有之；农历七月十五日称中元节，祭祀先人；农历十月十五日称下元节，乃食寒食，纪念贤人。

农历七月十五，佛教称“盂兰盆会”，与释迦牟尼弟子目连救母的传说有关。道教叫中元节，源于“三元”“三官”。皋塘地区称为“死人节”。据称，阴间在每年的七月十三日将鬼魂放出，任其自由活动，十八日夜间再将其收回。因此，人们会在家中祭祀，为阴间的祖先庆贺。皋塘的“死人节”也因此得名，意为死去的故人和祖先庆贺的节日。

农历七月十五，在皋塘一带，曾是一个很热闹的日子。傍晚，皋塘村家家户户都要备一桌丰盛的菜肴祭拜祖先，菜品的多少和摆放都有一定的讲究，一般为三荤三素。还要在桌上点上蜡烛和香，在叩拜祖先时，桌上不放祖先牌位，但需要烧一些锡箔、黄纸，并且燃香跪拜。跪拜的方式，一般是先站立着拜，再跪地拜，在跪拜的同时口中会默念着祖先或者死去的亲人们的名字，让他们回家来吃桌上的小菜，有时也会说一些希望祖先庇护保佑的言辞。

到了晚上，皋塘村家家户户都会出来放水灯。旧时僧人在河边超度亡魂，将纸做的荷花灯放在河里，所以又称“斋河孤”，这种习俗随着佛教的普及，传入民间，人们开始相信水灯既能够普度亡魂，也能照见阴间的鬼神。皋塘的水灯有两种常见的形制，一种是用红色和绿色的纸制成状如莲花的灯，也叫“莲花灯”，制灯的纸用油刷过一遍，这样放入水中的时候就不会有水渗入，在灯的“花心”放入菜油、灯芯，点着时灯便亮了。另一种水灯会使用木板、篾丝来制作水灯的骨架，然后在外层糊上五色纸，灯内点上小蜡烛。这些水灯由村上的村民制作，因此大小不一，花色各异。人们会撑着船到皋塘所依临的运河上游，大家点灯的点灯，放灯的放灯。点灯和放灯的方法也很巧妙，点好的灯会被放到米筛上，米筛上的灯放满之后，将米筛浸入水中，灯就会浮起来顺着水流而去。大大小小、闪闪发光的水灯在河中缓缓移动，灯光随波上下，照耀全河，水连着光，天空中明月当空，河边人山人海，煞是壮观，这样的美景也只有七月十五的夜晚才可见到。一直到水灯随水流流到河流下游，直到看不见为止，村民们才会陆陆续续回家。

莲花灯的缘起，或者是因为佛家有莲座及莲龛，《华严经》中写道：“在莲花台上，一心合掌，正问如来。”或者是因为农历七月时节，莲花正开，于是就创制莲花灯，既应佛意又应景，两全其美。

在死人节这一天，皋塘村还会有乐善好施者请道士放焰口做法事，来布施、超度无家可归的孤魂野鬼，大抵是怕那些野鬼出来作乱吧！

“国家大事，在祀与戎。”皋塘死人节的习俗与祭祀息息相关，是曾经的人们表达对自然神祇的敬畏，对先贤、祖先神灵的敬重，祈求保佑的行为。基于“万物有灵”“灵魂不灭”“事死如事生”等理念，祭祀也是人与神灵沟通的重要举措。在七月十五日祭祀，也就是与阴间的祖先和先贤沟通的过程。这些都在细微之处彰显着中国人的信仰和人生哲学。

随着岁月的推移和时代的进步，杭城皋塘的死人节习俗也在渐渐地离我们远去，繁复的旧俗最终会让位于新的纪念礼仪。那些被替代的旧时的民俗礼仪，对今日而言已经不合时宜，但是回望历史，去其糟粕，取其精华，对某些方面，例如追思先人、仁爱乐善等赋以新内容，还是有一定现实意义的。

七、六十块石头的传说

如今的杭州江干区，有个地方叫作“南肖埠”。这里有个村落，因为有六十块石头铺成的道路，所以被命名为“六十块石头”。相传，每块石板有1.5米宽，1吨重，路长50米；石板路东接石塘，西往采荷。听说是在泥路上铺上石板来防止湿滑。它又像是一座桥，所以名叫“六十块石头桥”，不过在1986年建造采荷住宅小区的时候被拆毁了。关于这座“桥”，有非常特别的一点，那就是这座“桥”很奇怪，不管人们怎样小心翼翼地行走在这些石板上，石板总是会发出声响来，知道这条石板路的老杭州人都说它是在骂一个人呢。

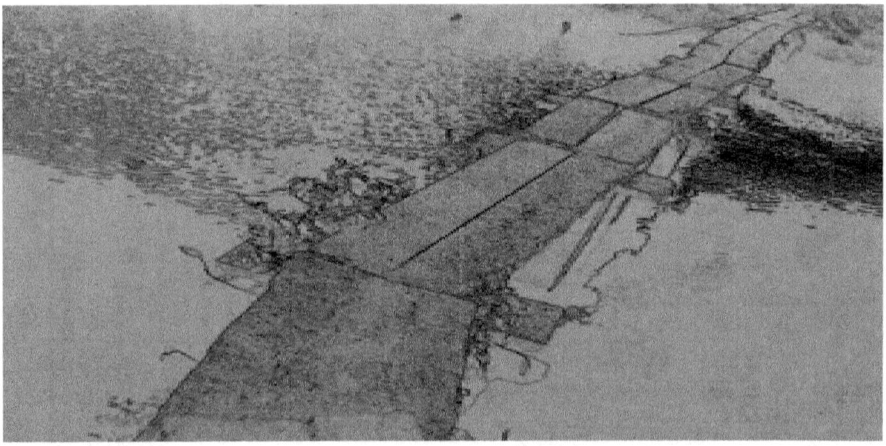

这来源于一个传说。相传，南肖埠旁有一条大河，而河上没有桥，河

东的老百姓进城必须绕走许多的路；一日住在河西的财主郭杜，吩咐家丁传话给村民们，说是要拿一千银钱出来为大家造桥，不足部分由各家各户分摊，并命令家丁挨家挨户交造桥钱，大家都知道郭杜平时是一个阴险刻薄的人，暗地里都称他为“刻毒”。大家都以为他是恶事做多了，怕遭到报应才想要做点好事，信以为真地纷纷把积攒的钱拿出来。哪知道财主郭杜哪有这么好心，他随便买了几块石板准备应付了事，剩下来的钱便据为己有。不料在搭好第五十七块石板后，最后三块石板怎么都无法搭平整，百姓们也开始怀疑，并盛传郭杜讹诈钱的事，认为他做了坏事，所以剩下的三块石板怎么也铺不好，得罪了菩萨。

财主郭杜听说土地菩萨发火很害怕，这时候刚好来了位风水先生，对他说：“只要你愿意把钱归还给老百姓，我就将最后三块石板铺好。”郭杜答应后，只见风水先生来到桥边，在三块石板上凿了三个角，三块石板果然稳稳地铺上了。这时郭杜又反悔了，舍不得那些钱财，趁风水先生不防备时，一把将他推进了河里，村民们听见呼救声赶过来时，风水先生已经不见踪影，怎么也找不到了。

财主郭杜也因为疑虑重重，总觉得风水先生似乎是菩萨变的，终日郁郁寡欢，心惊胆战，不到一年就死了。桥建成后，人们走在这座新桥上，石板总是会发出似“刻毒”的声音。

无论是真是假，这个传说都反映了旧时中国民众的思维特点和价值判断。首先，是对贪财好利、为富不仁者的憎恨与厌恶；其次，在对“善有善报，恶有恶报”等因果报应的信奉中，寄托着追求公正社会秩序和推崇善良人格品质的朴素情感。

八、大运河丝织文化

运河哺育了两岸肥沃的土地，也助力了杭州丝织产业的发展。众所周知，丝绸是杭州一大特产。其实早在春秋时期，越王勾践便把奖励农桑作为富国强兵之策；五代吴越国时期，也同样实行“闭关而修蚕织”的政策；明朝时期，杭州、嘉兴等地更是有了“丝绸之府”的美誉；清朝的杭州“机杼之声，比户相闻”（厉鹗《东城杂记》）。杭州的丝绸不仅质地轻软，而且色彩绮丽。这些丝绸不仅可以用作家居生活用品，还可以用来馈赠亲友。现如今更是发展出如都锦生、万事利、天堂故事等名优品牌，这些品牌的丝绸产品受到了顾客的赞赏与追捧，畅销海内外。

拱宸桥作为运河岸的重要交通枢纽，南来北往的船只都经停这里，加之贸易往来密切、商贾云集，拱宸桥一带可以说是旧时杭州的商业中心。而通益公纱厂，旧址便位于拱宸桥西，今杭州第一棉纺织厂院内。通益公纱厂于1889年由杭州名绅丁丙、官僚庞元济等共同筹资约40万两白银建成。在历史发展的洪流之中，通益公纱厂几度变迁，最终在1977年从印染部门划出，定名为杭州第一棉纺织厂。通益公纱厂是浙江优秀的近代民族企业，该厂的建立与发展对浙江民族纺织业的建立和发展起到了一定的促进作用。

而坐落在运河畔的永济桥，也可以从中窥探出丝织产业的发展。陈家是过去的大户丝绸人家，家族世代以经营丝绸作坊为生。陈家织的丝绸都卖给当时的知名品牌都锦生，然后再由都锦生负责印染，最终制成漂亮的丝绸。陈家的先祖自从定居运河畔的永济桥之后，便着手把旧宅进行改建扩大，造了两房。据陈家的第五代孙子陈德生回忆，当时素有“哥东弟西”的说法，所以在分房子时也严格按照规矩办事。哥哥的房子总是坐落在东边，其他兄弟依次往西排列。陈家兄弟不仅把这种严格按照规矩办事的精神贯彻在生活中，也切实地落实在丝绸厂上，严格把控丝绸的质量，丝毫不敢懈怠。所以，陈家产的丝绸声望卓著，家族世代兴旺。

“门前街道屋后河，深长弄堂百条多。”运河后的房子或称为巷，或称为弄，或称为街。虽然门前的石板路已被行人的脚步磨得润泽了许多，但是在运河两岸流淌的运河故事却是亘古弥新，伴着灰白的墙壁、暗绿的苔藓，在历史的长河中久不褪色。正是由于这古老而富有活力的运河世代的滋养，两岸的丝织文化才得以绵延悠长，两岸的人们才可以安居乐业。古老的运河不仅哺育了两岸的人民，还助力了丝织产业的发展，使得杭州的丝绸蓬勃发展，繁荣至今。

九、西园风俗“请财神”

“请财神”是江南民间的一个风俗。地处杭州湾钱塘江南部，古运河的发祥地西园，默默记录着运河两岸繁荣热闹的漕运，得运河之便的同时也承载着一代代走街串巷吆喝叫卖的运河人多姿多彩的生活。魏晋南北朝时期，为了躲避北方战乱，大量北方移民南迁，促进了江南地区的开发，先人们在这片沃土辛勤劳作，编织着幸福美满的生活。极为便捷的地理位置和肥沃的土地让西园自古就成为人们理想的家园。

康乾盛世把帝国推向了前所未有的鼎盛和繁荣，在西园生活的人口迅速增长，西园成了钱塘江南部一个重要的百姓生活区。在杭州有多个地点都以西园命名，土生土长在西园的一名普通的当地百姓认为，位于新塘的西园才是名正言顺的西园。地理之便、运河的繁荣使得西园住着众多姓氏的人家，当地聚居的大姓有方姓、金姓、何姓、杨姓等。江浙地区河网密布、池塘星罗棋布，西园当地池塘甚多，池塘也就被各个大姓氏冠名了，如方家塘。这种给池塘冠名的方式在江南地区极为常见。除了农民之外，为了便利经商，很多富户也会选择定居于西园。

富户的心愿无非富甲一方，在中国众多神灵之中财神爷最为大家津津乐道，民间各地大年初五迎财神的活动更是丰富多彩，因商贾云集而繁荣发达的江南必定对于请财神、迎财神更是重视。这在西园也不例外。由于初五又称“破五”，即可破除年初一以来的各种忌讳，不少商铺会选择在这一天开门营业，有的店铺还会在门口挂上生菜，寓意“生财”，以此祈求在新的一年生意兴隆、财源广进。

西园请财神的仪式很有意思：首先准备一张四方天地桌；然后根据诸神所居方位的不同，在各个方向摆放不同的贡品和材料，保证财神下界时能够“准确”地接到他；最后，在叩首礼毕后，等待香烛燃尽，将上供的元宝、神像等放到提前在院子里准备好的钱粮盆内焚烧。接神时还会燃放鞭炮和烟花，整个仪式由家中德高望重的长者来主持，气氛十分热烈。

十、彭埠习俗跳白神

跳白神是杭州彭埠与运河相关的一个重要的民俗活动。与跳财神类似，跳白神是一种带有宗教仪式内容的舞蹈，它的由来已无从考证。据传承人讲，从前在正月里闹元宵，或者是观音菩萨生日(农历二月十九、六月十九、九月十九)，或农历七月三十地藏王菩萨生日等，一般都有人组织跳白神。跳白神至少需要几十个人，扮相和动作都有一定的讲究和套路，场面较大，看的人也很多，活动非常热闹，所以影响较大，流传也比较广。

跳白神开始前，先放几声铳，类似今日之放炮仗。队伍最前面是两个人吹高擎(长管唢呐)，再是四个人，每两人抬一支大红蜡烛，并有敲击乐队，敲锣打鼓打头阵。接着后面是两个无常，一个白无常，一个黑无常，头戴上尖下圆的高帽子，白无常帽子上一行字是“一见生财”，身穿一套白衣服；黑无常帽子上一行字是“天下太平”，身穿一套黑衣服。紧跟后面的是扮演无常嫂和扮演鬼王（判官）的人，只见鬼王一手持捉拿令牌，一手托着一个米筛，让人望而生畏。另外还有五个人扮演手拿镗叉或铁链的小鬼。队伍中还有一种叫作擎高招的内容，一个人用手或肩托起5米高的毛竹，四个人用四根绳拉扯着，顶上有旗帜，边走边变换姿势。还有翻跟斗、打虎跳、走高跷的人，当然还有几个人在队伍两边维持秩序。表演队伍敲锣打鼓，唢呐声此起彼伏，在欢快的乐曲声中，大家东蹦西跳，做出各种动作，队伍浩浩荡荡。

跳白神一般还与菩萨出会结合在一起，前面是跳白神队伍，后面是抬菩萨的八抬大轿，如龙王菩萨出会就抬龙王菩萨，资福庵天医菩萨生日就抬天医菩萨。如果是菩萨出会，队伍中还有持提炉的人群，人数不限。每个持提炉者，一手赤裸平举(用木棍撑至腋窝)，臂下持有内点烛香的提炉。

跳白神队伍是行军式的，有时也停下来表演，通常行军十里甚至几十里路。在旧时庙会等活动中，跳白神是最受大家欢迎的，看的人越聚越多，成了庙会当中最热闹的地方。

其实，跳白神就是彭埠一带老百姓用来娱神娱人、祈求平安吉祥的，后来变成了一方习俗。这种习俗在中华人民共和国成立初期还有出现，后来随着时代的变迁，已经很少有年轻人知道了。

不只是跳白神，我们还有很多很多的民俗活动都已经没有了当年的盛景，因为没有年轻人支持的民俗是没有未来的。因此，希望现在的人们尤其是年轻人，能够给予传统民俗足够的重视，最大限度地保留下有用的、有趣的民俗活动，毕竟如果失去了那就可能是真的永远失去了。

第十章　运河徜徉的文化游踪

一、游船观览大运河

在杭州观览运河，车行、步行不如船行，而船行的最佳选择，则是搭乘运河巴士。巴士是个舶来名，运河巴士其实就是游船。乘坐运河巴士静静地亲近运河水，在瞬息万变的现代化生活中感受旧日时光的慢节奏，仿佛是古代的长衫罗裙与今日牛仔短裙风风火火的一次激烈对撞。所以，选择坐一次沿河慢行的运河巴士，看运河水缓缓流淌，这定会成为你在杭城的一次难忘经历。如今的运河巴士共有四条线路，分别为1号、2号、3号和7号线。

1号线在工作日往返于运河天地站和濮家站，共六站，全程约一个小时。但是值得注意的是，在非工作日，1号线只往返于运河天地和武林门，共四站（约40分钟），发船时间也推迟了25分钟左右。1号线所在的水路便是大部分人所理解的大运河，所以想要体验千年运河的风采就一定要选择这条路线，这一路上经过的信义坊、拱宸桥，都是历史上著名的地点，非常值得一游。

2号线时间表稍显复杂。2号线共有十站，穿梭于武林门站和西溪五常港站，全程约一个半小时，但较早或者较晚的班次是不经过杨家桥站、蒋村站以及西溪五常港站这三站的。在古代，这条水路是运粮的要道，俗称“官塘河”。参观百年名校浙大，去西溪看鸟赏花可以选择乘坐2号线。

3号线则没有那些繁复的变化，只往返于打铁关站和半山站，共11站，约一小时。3号线所在的上塘河是杭州历史上开凿的第一条人工河，通钱塘江，一直是古代由水路进入杭州的重要通道。待到了终点半山站便可直接下船爬山，一览杭州山水风貌。

7号线与3号线相似，往返于坝子桥和梅花碑间，共九站，全程大约一个小时。7号线位于东河，是连接运河和钱塘江的一条市河。这是四条线路中唯一的小船路线，仅供八人乘坐，游客不多，周围的景色也是最美的。

四条线路全程大都需要花费一个小时的时间，且船票一律只需3元。想要乘坐运河巴士则需要提前看准发船时间，如若觉得游览时间过长，也可以根据自己的时间和各线路的时间表进行调整，在中途站点上下船。

运河吸引游客的理由大概有三条：一是亘古流淌、直抵京城的运河水；二是运河沿岸的垂柳，以及掩映在垂柳之外的车水马龙和人物风景；三是运河上连接运河两岸的数不清的姿态各异的桥梁。这里以运河上的桥梁为例，大凡热闹的商埠码头，有河就必有桥。沿着运河，一路上有数不清的桥：坝子桥，太平桥，万安桥，淳佑桥，章家桥，豆腐桥……石桥，木桥，砖桥，拱桥，廊桥，景观桥……许多看似相像的桥，仔细看来却大有不同。如果你选择1号线，必定不可错过沿途大名鼎鼎的拱宸桥。它位于杭州市区大关桥之北，东连丽水路，是杭城古桥中最高最长的石拱桥。桥长98米，高16米。这座桥已有300多年的历史。对于世代生于斯、长于斯的老杭州人来说，这桥这河已经逐渐融入了他们的生命中。落日余晖之中，坐着运河巴士，拍摄夕阳下的拱宸桥，你仿佛能看到历史上的人物在桥上行走，这种古老和现在的交相辉映，是一种摄人心魄的美。运河上还有许多充满故事的桥梁，你不知道，你可以猜测谁曾在桥上走过，谁曾在桥上徘徊。是诗人，还是商贾？是达官显贵，还是某个落魄的路人？桥梁是人们交通的重要渠道，是运河发展与历史变迁最好的见证，也是时间给人们留下的美丽痕迹。

如若来到杭州，一定不可错过运河巴士，去享受千年运河的绝代风姿，去体会小桥流水的诗情画意，去感受市井生活的别样滋味。运河已经和生活在杭州的人融为一体，在地铁可以迅速抵达城市的每个角落的今天，运河仍然在描绘一幅幅生动的杭城画卷，能在快节奏的现代生活中给人留下一点喘息和休憩的空间。

二、大运河文化广场

“春日春风有时好，春日春风有时恶。不得春风花不开，花开又被风吹落。”三月的一个晴天，一朵朵洁白的“小舟”荡漾在平静的河面，随着一艘写着“运河”二字的白色游船缓缓向前开来，“小舟”随着流水缓缓舞动着。这里是杭州市拱墅区的运河文化广场。这里的流水时而平静时而汹涌，它们流淌过京杭大运河的最南端，奔腾不息之间又细腻地记录着这上千年的运河故事。

“奶奶，隋炀帝就是为了看琼花才修造大运河的吗？”

“不是的，运河畅通了数百年，让大江南北人把东西互相售卖，还能学习对方的文化，让两边的人们都富裕起来了呢。”

全国有两个运河文化广场，一个在浙江杭州，另一个在北京市通州区。杭州的运河文化广场是京杭大运河南端的一个地标性建筑。“运河广场”四个大字在门口的巨石上熠熠生辉，周围的地面上刻着各种书法作品。在这里，你仿佛回到了百年前的河边，看文人墨客、迁客骚人于此谈诗论画。他们可能看到隋炀帝带着浩浩荡荡的船队，执笔泼墨，写下“百二禁兵辞象阙，三千宫女下龙舟”。在恍然如梦的想象中，你也可能会瞬间被拉回现实。孩童的咿呀声，老人们的聊天声，游客们“一、二、三”的拍照声，仿佛千百年来这里的繁华都不曾改变。

走入广场，便能看见一块正方形的铁制浮雕铺在广场中央，共有六块，精雕细琢着大运河千百年来的故事。不知古人是否喜爱泼墨于此，现在，运河文化广场也是“地书”爱好者的聚集地。在这里，无论是清晨还是傍晚，都能看到大大小小的身影在这里忙碌着。地为纸，水为墨，他们用自制的大海绵笔或毛笔蘸上水后在广场的石砖上随心所欲地创作着，书写过去，也书写未来。

再向前，踏过几级阶梯，是一个音乐喷泉。白天，这里并不惹眼，直到夜幕降临，彩色的灯光会逐渐拨开这夜色，喷泉配合着江南风情的小调变化万千，居民们从家中走来。运河的水仍然静静地流淌着，倒映着这夜幕中的彩色浪漫，讲述着历史时空的日月如梭、星移斗转。

继续向前走，脚步轻轻踏上拱宸桥厚重的石阶时，人就仿佛回到了百年之前。拱宸桥，始建于明崇祯四年（1631），清光绪十一年（1885）重建，中间几兴几废。子曰："为政以德，譬如北辰，居其所而众星共之。"拱宸桥之名由此而来。每到3月，从广场这头走向桥对岸，对岸的桥头一树琼花盛开。运河广场让人们感觉到，千百年来虽兴衰无常，而江南依旧是那个灵秀颖慧的江南。

拱宸桥西侧，有三座为作戏台而新建的阁楼，名为"解愠""指津""曲尽人情"，为广场更添上了一丝"江南味道"。

周末，如果有很多孩子，排着队仰着头，一边跟着老师走一边津津有味地听着，那你一定是来到了中国京杭大运河博物馆。它位于运河广场南侧，毗邻拱宸桥，2002年开工，2006年开馆。博物馆分为五个展厅，全方位、多角度地展现了运河的自然特性与人文风貌。

三、拱宸桥茶园盖叫天

2018年11月1日，拱宸桥边的荣华茶园重新开张。这对于生活在运河边的杭州人而言，是个特别的日子——有100年历史的荣华茶园重开了！

说起荣华茶园，时光就要倒退到100多年前的杭州大运河边的拱宸桥一带。有学者曾说过："拱宸桥一带是当时杭州有名的戏园子、茶楼子和酱园子。"回首过去，运河的水运交通发达，人流密集，因此带动了拱宸桥一带商业的繁荣发展。同时，戏曲服务业也跟着发展起来。那时的拱宸桥除了码头街肆的嘈杂、茶楼酒肆的吆喝，更多的还是戏园里悠扬悦耳的丝竹乐韵。清中叶，茶园兴起，成为戏曲的主要演出场所。由于在这样的场所中，人们可以边品茗边看戏，所以叫茶园。而荣华茶园和天仙茶园、阳春茶园成为闻名遐迩的杭州茶园"三剑客"。其中的天仙茶园，规模大，但它并非由此享誉盛名。杭城历史上有过数以万计的茶馆，天仙茶园之所以能享有盛名，一个主要因素就是这里乃京剧大师盖叫天与周信芳的成名地。

盖叫天，出生于1888年，原名张英杰，河北高阳县人，是一位了不起的京剧表演艺术家。那他是为何改名为盖叫天的呢？盖叫天在他写的《粉墨春秋》中提过，本来他的艺名叫“金豆子”，是天津隆庆和科班的老齐先生给起的。那会儿他13岁，像个画眉鸟似的，挺精神的。可是唱文戏用这个名儿不怎么合适，所以到了杭州大伙儿合计着给他另外起个艺名，研究来研究去，后来定为“小小叫天”吧。不料在座的有一个人瞧不起他，在一旁冷笑说：“哼，你也配叫这名儿!”这一下把他说火了，年少气盛，下定决心要自成一家，“盖”过叫天，独树一帜。就这样，他用上了“盖叫天”这三个字。

都说台上三分钟，台下十年功。14岁的盖叫天，凭借一身骨气和倔强，逼迫自己苦练功。有一次他病倒了，苦愁当晚的表演是否能顺利时，看见了亭子里“学到老”三个字，他暗暗许下心愿：“要是今晚不摔死，能太太平平下得台来，今后一定天天练功学习，一天不断，直学到老。”当天晚上表演时他鼓足勇气从三张台子上翻下来，万幸没有摔着，但因为使足了劲，落地时上下牙用力一碰把舌头砸破了。幸好脸冲着台里没人看见，他忍着痛把血吞下去，然后才像没事似的转过身来继续唱。

凭借着如此毅力，盖叫天出演了不少精品曲目。有《打虎》《狮子楼》《十字坡》《快活林》《鸳鸯楼》《三岔口》《白水滩》《一箭仇》《洗浮山》《鄚州庙》《闹天宫》等，陈毅曾为盖叫天题诗云：“燕北真好汉，江南活武松。”田汉也有赞盖叫天诗：“断肢折臂寻常事，练出张家百八枪。”

“文化大革命”中，盖叫天受到迫害，“文化大革命”结束后，盖叫天被平反昭雪，但先生此时已带着他独有的骨气离开世间。先生虽去，风骨犹存，恰如友人诗中所言：“争看江南活武松，须眉如雪气犹龙。鸳鸯楼上横刀立，不许人间有大虫！”

四、博物馆看刀剪剑

江南地带徜徉的千年运河，文化璀璨多姿。在杭州市拱宸桥桥西历史文化街区，有五家专题博物馆，它们分别是中国扇博物馆、中国伞博物馆、中国刀剪剑博物馆、杭州工艺美术博物馆和手工艺活态展示馆。这五家博物馆皆以工艺美术为主题，组成了一个主题博物馆群。其中，中国刀剪剑博物馆旨在宣传和弘扬我国悠久的刀剪技艺，发掘和保护传统的手工艺，同时兼顾展示和收藏。

中国刀剪剑博物馆建筑是利用老厂房改建而成的，它打破了传统博物馆收藏、展示和教育的功能局限，强调人与物的结合，强调大众性。这有利于保护本地工业遗产，有利于传承传统工艺技术，有利于增加运河旅游内容和提供文化休闲娱乐，在提升城市文化品质方面也体现出强大的功能。中国刀剪剑博物馆不仅对杭州打造历史文化旅游城市具有积极意义，也重新界定了现代新博物馆的定义和功能。具体来说，中国刀剪剑博物馆具有保护工业遗产功能、传承手工业非遗功能、文化旅游娱乐功能及教育功能。

第一，在保护工业遗产功能方面。中国刀剪剑博物馆将一些有一定历史价值的工艺品保存起来。通过多元化的方式，介绍和展现刀剪剑“物开

一切为刀，两面开刃为剑，双刀相交为剪”的独特文化。在杭州这座具有悠久工业发展历史的城市里，拥有种类丰富、数量可观的工业遗产。如2010年底确定的《杭州市区工业（建筑）遗产保护规划》将张小泉剪刀厂旧址、张小泉剪刀厂原址改建的张小泉剪刀博物馆等，列入了保护名录，而如今“张小泉”也成为手工业时代具有代表性的品牌。中国刀剪剑博物馆是在“保护工业遗产”这一思路之下建设起来的。由桥西土特产仓库改

建而成，它既是展示刀剪剑等工美技艺的博物馆，也是展示杭州旧工业建筑、回顾工业辉煌的纪念馆。

第二，在传承手工业非遗功能方面。在中国刀剪剑博物馆的剪刀展厅里，“张小泉和他的剪刀”是一个重要单元，不仅陈列有数百件不同时代的张小泉剪刀精品，而且还将清朝张小泉剪刀铺搬进了展馆。张小泉剪刀始创于1663年。它与孔凤春“杭粉”、王星记“杭扇”、都锦生“杭锦”、宓大昌“杭烟”，并称为“五杭”。在近代，“张小泉近记”的民用剪刀曾获得无数奖项，名扬海内外。张小泉剪刀选料讲究，制作讲究，传统的锻制工序共有72道。

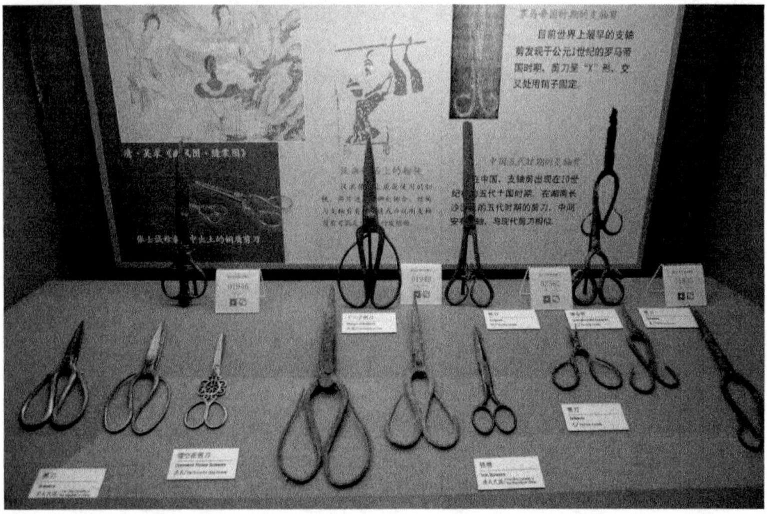

第三，在文化旅游娱乐功能方面。运河文化，是杭州文化的一个重要组成部分。运河已成为杭州旅游的一个富有特色的人文景点。因为杭州有传统手工业的优势，所以刀剪剑博物馆建在杭州，刀剪剑是杭州的历史名产，是文化遗存。该博物馆是在“新博物馆”理念下打造的亲民娱乐型博物馆，主要以弘扬近代工业之美为主题，将厚重的历史呈现于精美的刀、剑等工艺品之中（其中青铜铸剑最为出名），给参观者以美的享受。此外，博物馆各馆区，还配备了一些休闲设施和购物点，方便游客们休息购物。

如把张小泉剪刀购买点作为博物馆旅游的一部分，为游客们提供正宗、高质量的特色旅游纪念品。

第四，中国刀剪剑博物馆在社会教育方面具有独特的功能，主要表现为其独特的审美教育。刀剪剑，既是传统生活的必需品，也是具有审美价值的工艺美术作品。在刀剪剑博物馆，可以看到不同国家和不同时期的精美手工艺品，参观者可以得到美的享受，从而培养自身的审美情趣，提升道德情操。

因此，杭州桥西手工艺博物馆群里的中国刀剪剑博物馆是一个新型专题博物馆的典型，值得我们去一探究竟，欣赏中国传统手工艺的旷世奇巧。

五、白荡烟村话今夕

白荡烟村曾经是大运河边的一处名胜，如今沧海桑田尘封已久，似乎已经被忘记甚至是无迹可寻。它的旧址就在如今杭州城北，靠近莫干山路和余杭塘路一带。有资料记载，因为村西濒临湖荡，明朝尚是一片白茫茫之水荡，故称“白荡海”。如今的白荡烟村早已不复存在了，在工业化的发展进程里，这里平地变高楼，早已填平了水荡。唯一能证明其存在的，只剩下了古人曾留下的寥寥几首诗词和文献里的一些记录。如今大家要是再想去寻访，也只能看到孤单竖立在运河旁的一块石碑，碑上写着“白荡烟村”四个字。

那么从前的白荡烟村究竟是什么样子的呢？明朝诗人王洪所写的《卜算子》词中，有一首就是写白荡烟村。王洪是浙江钱塘人，与当时的王称、王恭、王褒并称“词林四王”。其词中写道：“绿竹绕清流，草舍人家远。几处牛羊晚下来，烟外闻鸡犬。”白描手法用得十分精妙，寥寥几笔，就勾勒出一幅安逸、闲适的乡间傍晚的图画。其生动形象，让我忍不住想起小时候在老家见到的一幕幕傍晚的景象。另有一首明朝诗人聂大年的词《临江仙·白荡烟村》，其中“北郭秋风禾黍熟，牛羊晚食平田。一村桑柘起寒烟”句也将江南水乡的晚景写得十分传神。这两位同一时代的诗人，一为浙江钱塘人，一为江西临川人，来自不同地域，然其所展示的情景与感受却又是如此的相似，可见当时白荡烟村的景色之美，以及人们对它的喜爱之深。

如今随着城市变迁，白荡烟村的景色已经消失，但是沉淀于历史文化中的向往依然流淌，我们依然可以从古人的诗词里体味到旧时的遗韵。这种从未消失的怀念和畅想，也是文化基因的一种延续。

六、大兜美食胜利河

在大运河的南端，沿着胜利河北岸，有一条冒着香气的美食街区，令每一位食客一听到它的名字就不由得吞咽涎水，蠢蠢欲动。远远望去，人头攒动的胜利河美食街区与一旁的运河相得益彰，运河丝毫没有被这股烟火味惊扰，反倒显得更加灵动和富有生机。

胜利河美食街区还有一个富有诗意的名字，叫作“古水街”。可能是因为整条街区的设计出自著名国画大师之嫡孙朱仁民先生之手的缘故，在完美承袭了运河沿线古民居风韵的基础上，实用主义和中式古典美学终于牵手，一改仿古街区重样式轻功能的设计思路，在小桥流水间，你会发现被科技包裹的匠心独运。这一设计理念可以从街区的功能片区分布找到答案，街区总共分为A、B、C、D四个区域，其中B区为无烟烧烤区，传统美食街区的浓烟滚滚不再有，取而代之的是拂面的缕缕清风。

作为“路吧”模式的开创者，胜利河美食街区的摊位采用的是露天亭台式的设计。一户一亭，食客们一边享受着唇齿间的快感，一边欣赏着胜利河在夜晚五彩斑斓的外衣，颇有“举杯邀明月，对影成三人”之感。

除了B区充满科技感的烧烤之外，C区的各地特色小吃又是一处游人驻足之地。如果你想品尝弥漫着满陇味道的桂花糕，如果你想呷一口梅家坞的龙井，如果你想来一口古镇塘栖的豆沙青团，这里一年四季都可以满足你。

在古水街的北面，还有一条与之相呼应的美食街区，那就是大兜路美食街区。与古水街的摩肩接踵不同的是，这里显得尤为静谧，以至于你可能意识不到它是一条繁华的街道。那么，人去哪儿了呢？原来，在大兜路，藏着数十家独具特色的轻食店铺，没有华丽的装饰，没有炫目的霓虹，更没有醒目的招牌，有的只是一只猫、一壶清茶、一杯手冲的热咖啡。进来的人或是带着悲伤，或是喜上眉梢，但只要捧上一杯流动的香味，时间停止，平行时空下的你和我，相遇、相知。

儒家文化讲究和而不同，古水街和大兜路美食街区或许就是这个思想的现实写照。它们都以美食为基底，但却各辟蹊径，呈现着两条不同但却稳健的发展道路。你可以在古水街大快朵颐，但如果某一天你想来一次与自己的对话，那么大兜路为你敞开大门。美食从来不是奢侈品，只有在运河边你才会觉得眼前的围栏渐渐打开，你的心、你的胃和这条河融为一体。

七、古韵金河稻香园

沿着运河缓缓而行，古韵金河越来越清晰地走入历史的视野。古韵金河“参差十万人家”，素有“一馆两场三园两带六埠十五桥”之说，从朝晖桥到霞湾桥，沿河与湖墅南路之间有大片民居住宅，这儿便是稻香园。

稻香园位于运河潮王桥畔，正好在湖墅八景之一的“夹城夜月”对岸。稻香园得名于年年入秋飘香的水稻和茭白，这种金色丰收的景象一直延续到了20世纪80年代初。这幅景象展现了江南一带的繁华富庶。古稻田位于

今朝晖九区稻香园一带，水网密集，原属潮王乡管辖。稻香园南靠叶青兜路东段，北接夹城巷与拱墅区为界，东临京杭大运河，西连古河巷，形状如竖立的香蕉，原来不是古地名。因为此地原种植水稻，丰收时稻香片片，故得名“稻香园”。

在潮王桥西南侧即稻香园入口处有一块稻花园铭和一组浮雕。这组浮雕让人感受到令人向往的田园诗般的农村风光。浮雕展现了农民种稻中的整地、育苗、插秧及收获等图景，生动地刻画了农民丰收的忙碌和喜悦。激动人心的丰收场面，充分体现了古代劳动人民的智慧和团结协助的精神。

到目前为止，江南运河已挖掘的历史遗存及文化元素有300多例，运河景观工程也在不断整修中。作为“运河十四景”之一的古韵金河的稻香园以它独特的景观及活力吸引了越来越多的游客。古韵金河是“活”的，它是流动的、有韵律的、不断变化的，其悠久的历史文化值得我们去探索与感悟。别忘了，当停驻在古韵金河边时，转头看看运河潮王桥畔稻香园里的那片金黄……

八、武林夜景运河湾

在杭州旅游，一定不能错过运河的夜景游船。如今运河文化带经过延展和维护已经焕然新生，科技与古韵、流水人家与钢筋混凝土的现代建筑在不同时空中交相辉映。

从武林广场码头乘坐游船赏夜景是最好的选择。古时候的武林门码头是京杭大运河的必经之地，而现在的它，已经是杭州水上巴士的“中心站”。“武林门码头”五个大字并没有随着岁月黯淡，依然苍劲有力。六柱的牌坊大气恢宏，立于运河边再合适不过。而美丽的夜景游览，也由此开启。

沿河历史文化街区和广场众多，沿线22千米灯火辉煌。你会看到灯光变换下的青园桥，那是有情人的去处；一排排夜光的蘑菇灯，充满童趣；

光影交错下的水雾仙境，朦胧神秘；后来搭建的传统舞台是点睛之笔，运气好的话，还能看到各式各样的民俗演出；凉亭内的抚琴佳人想必绝色倾城，琴声动人而婉转；再去夜市体验一下富有穿越感的繁华街道，回头一望便是与河边倒影相映成趣的景灯。

白天黑夜交替，运河不断变换着它的动与静。夜幕降临，白日里的现代气息渐渐淡下来，高楼大厦仿佛隐匿了起来，运河也开始显现出不同于白日的韵味。景观灯相继亮起，点亮的却是千年前的运河。它静谧中带着优雅，灯光渲染之下，与岸边的屋舍人流连成一幅绝美的画卷。

此时坐在游船上欣赏夜景的人不由得沉淀了心情，思绪随着船头摇晃的灯笼不断飘远。耳边吹过温暖湿润的晚风，仔细嗅一嗅还能品出两岸人家的生活百态。沿街的房子、巷子、桥梁都在夜晚苏醒，浸润着运河的历史气息。

我私心里把这算成杭城的独有景色。它把水乡情调、江南韵味展现得淋漓尽致。夜游所看到的运河仿佛更加纯粹，它的诗意就在于缓缓前行的船和慢慢流淌的水带走了白日里那恼人的喧嚣，让人不由得不沉静下来，去细细品味运河的迷人风韵和历史文化酝酿出的千古醇香。

如果有机会，一定要坐坐那游船，或许你会听到飘然而过的渔歌和夏日静谧的虫鸣，高高低低宛转悠扬，曲调相和。等穿过一个个石桥洞的时候，你可以摸摸桥墩、桥臂，感受石的肌理被水流冲蚀后的光滑。我最喜欢的是沿岸古街，它们错落有序，具有一种独特的吸引力，好似一幅生动的画卷，铺展在游人的眼前，让人流连忘返。

九、艮山门下水迢迢

南宋高宗皇帝定都杭州之后，便兴建了临安城，艮山门就是在那个时期作为都城的城门而诞生的。“艮”为八卦之一，指代东北向，艮山，为城北之小山。汴京有“艮岳”，南宋取名艮山，有故国之思。艮山门外是自西向东而流的运河水道，门内是运河支流，上有顺应桥，俗称坝子桥。旧时，艮山门外田地肥沃，河网密布，西面还有一座水城门，可通舟楫。俗语“艮山门外菜篮儿”，指的就是城外菜园众多，市民吃的蔬菜都是通过水城门运进城的。

东河水经艮山门，过坝子桥南下，成为沟通城内外的主要水运线路。这一带在宋元时期一直是杭州丝织业的集中地，个体丝织户与机坊作场遍布，闻名全国的杭纺就产自这里。因此，这里货船往来如织，商业繁荣，艮山十景中的“流水飞舟”也由此而来。厉鹗《东城杂记》中这样描绘当时的盛景：“杭东城机杼之声，比户相闻。”也正是因为丝织品买卖兴盛，又有了“艮山门外丝篮儿”的谚语，说的就是女人们挽着竹篮去运河边漂洗练丝，还有蚕农们在兜售土丝的景象。当时的东街（现建国北路）商客络绎不绝，笕桥、乔司算是近的，南浔、湖州的商人也都循着运河前来，看货作价交割结账，有时一天走不了，便吃住在船上。那时的丝绸织坊是最为繁忙热闹的，有东街儿歌这样唱道：“唱唱唱，洋机响，洋机开了五百张；角子铜板不算账，大洋钞票来进账。”当时的盛况可见一斑。

艮山门外曾有桥名为八字桥，明朝成化《杭州府志》中记载：“八字桥，在鸭舍桥西，永乐二年重建，本名安乐，后以其旁建小桥，成八字形，改名。”而关于它的名字还有一个坊间说法，说的是早年在艮山门外的桥，叫“安乐桥”，桥堍有个财主，在艮山门内开有店铺，还在城里做官，财大气粗，呼风唤雨，每次出门必乘八人抬的大轿。可是，门前的这座安乐桥太窄，容不下这么大的轿子。这个财主仗着有钱有势，将原来的安乐桥拆了，改建成一座更高大的石桥，改名为“八字桥”。自此，这个桥名就在艮山门一带传开，有了“艮山门内坝子桥，艮山门外八字桥”之说。

当然，传说不一定可信，而八字桥我们如今也只能在杭州的地名中见到，桥的真身已经无迹可寻了，艮山门古城门更是早在民国初期因为筑路而被拆除，现在仅在故址处留有石碑纪念。坝子桥却意外保留了下来，可能是因为处在城内，是交通的重要枢纽所以未被拆除，它也有幸成为那段繁华时光的见证者。

重新走到古艮山门的附近，这里已经成为一片依傍着运河的绿化带，在这里竖立着一座古时运河船工的雕塑，船工的呐喊声似乎从未消散，一直萦绕千年。一代又一代的杭州人，在运河精神的激励下，不断奋勇前行，继续书写着属于这座城市的荣耀和传奇。

十、庆春门外华家池

华家池，明初有华姓者居于此而得名。池畔花团锦簇，绿树成荫，池的四周仿照西湖，建有“小孤山”“小三潭印月”“小平湖秋月”“小苏堤”等景点，因此素有“小西湖”之美称。本来这片风景也是命运多舛，几度面临消失的危险，但后来浙江农业大学环绕这片水域建立校区，不仅让整片水域成为校园的代名词，同时也让华家池的知名度再次提升。

关于华家池来历的传说颇有中国特色，讲的是有一家姓华的人仗着自己的财主身份欺负佃户，闹得三扣一家家破人亡。后来三扣化身为龙回来复仇，就把这整片地方都变成了一片水域。这个故事虽然是有关复仇的，但却更多地体现了很久之前中国的社会现状，为富不仁者肆意妄为、欺负百姓。而故事的结局也表明了人们想要平等自由的社会的愿望。

如今被包含在浙江农业大学校区里的华家池又是什么样子呢？它已经跟这所大学成了一个不可分割的整体，来到这里学习的学生，不管来自哪个省份、说着哪种方言，都会被华家池的魅力所吸引。我查找资料的时候，看到很多曾就读于浙江农业大学的学生写下的文章，他们在感慨学校的美丽时，一定不会忘记的，就是用自己亲手拍下的各种好看照片告诉人们：我们学校有许多大学难以企及的自然美景。这种自然美景，带给学生们的不仅是生活的愉悦，还有美的享受和很多年都不会消散的美妙记忆。

对于这所大学来说，除了华家池，它近旁的植物园也是历尽艰辛才终于坚持到现在。抗战时期，华家池和植物园都满目疮痍，但是师生们从来没有放弃，用自己的全部精力重建，我们才终于得以在今天看见风景优美的华家池和植物园。

整体来说，华家池的良好现状就是人与自然和谐相处的一个模板。工业社会不断发展，人类总是需要更多的土地、更多的空间，因此而毁坏的风景、古建筑数不胜数。但是如果我们愿意，我们可以用一种两相合宜的方式，将自然风景与人工建筑结合起来，不仅可以更好地保护环境，还可以省去建造人工景致的人力、物力消耗。不管从哪方面看，这都是很有意义的一件事。

后记

本书由卫军英教授规划全书篇目，并最后完善稿件；俞燕君教授组织浙江科技学院教师和研究生团队具体采写，研究生助教袁子霄协助完成，参与其中的稿件整理和图片拍摄工作。本书作者众多，具体撰写情况如以下附表所示。

附表　撰写内容及作者

撰写内容	作者
隋炀帝的大运河	卫军英
江南运河杭州塘	吴夏梦
在大运河的南端	吴夏梦、石旭
纵横汇流的溪河	吴梦婕
流淌的历史人文	石旭
隋唐的江南运河	吴梦婕
宋朝的江南运河	张苏、俞燕君
明朝的江南运河	张苏、朱祷青
清朝的江南运河	马宜果
十里湖墅话今昔	张苏、俞燕君
跨河相看塘栖镇	庞雅静、徐天
有一条小河直街	王梦笛
运河穿过石门镇	刘影杰
摇曳生辉的乌镇	李琪
运河古镇看长安	高艺洋
西兴渡口有古镇	章玉玲

续表

撰写内容	作者
凌波秀溪菱湖镇	彭丹
新市依然是古镇	高艳玲
运河入浙王江泾	石旭、俞燕君
桐乡的崇福横街	包思远
拱宸桥石阶沧桑	蒋咏琪
广济桥隽秀婉约	刘九伶
江涨桥隐迹依稀	刘锐
吴越钱王女儿桥	刘锐
卖鱼旧时归锦桥	王芳琳
断河头上豆腐桥	王芳琳
最是久远忠义桥	包思远
两河汇流看黑桥	陈子珺
古新河上左家桥	万欣
大将归来得胜桥	万欣
凤山水门今犹在	范振东
夹城夜月最堪忆	范振东
皋亭积雪犹可见	刘洋
北关街市今何在	李敏
塘栖十景看不够	王晓玮
超山赏梅春风来	罗晚绮
漕运记忆富义仓	叶山起久枝（Hayama Kikue，日本）
西山晚翠花圃莺	马锐
珠儿潭边贾家弄	汪杰
陡门春涨半道红	汪杰

续表

撰写内容	作者
隋炀帝寻觅琼花	庄裕敏
宋嫂鱼羹东坡肉	包思远
康乾二帝巡江南	张欢欢
半山娘娘黑米饭	张欢欢
钱塘温元帅庙会	史册
祥符花神庙遗址	史册
吉庆桥故事传说	周品旭
潮王桥潮王传说	周旭
天下第一哑巴弄	翟园园
永福桥和御道村	翟园园
龙兴祥符戒坛寺	卫军英
古运天厨香积寺	刘九伶
湖墅一带的古迹	范佳琪
圣因妙行接待寺	田野
东皋心越的禅院	杨享
古运河边德政寺	杨雅迪
塘栖古寺觅旧踪	杨雅迪
崇福寺“无福不得宝”	杨享
尉迟恭造仙林寺	姚旋
杭州盂兰盆盛会	田野
白居易的运河城	张雪燕、俞燕君
苏轼梦魂到江涨	张雪燕、俞燕君
陆游骑马客京华	肖静雅
钱塘三五夜如昼	马宜果

续表

撰写内容	作者
朱淑真住东马塍	张雪建
姜夔留诗《出北关》	张雪建
徐霞客记游运河	高雅
厉鹗东城写杂记	高雅
龚自珍北上杂诗	肖静雅
钱塘歌妓苏小小	朱荣荣
运河漕运的故事	李晓敏
湖墅河边古码头	曾迅、俞燕君
周家桥边老埠头	张苏、俞燕君
杭城端午赛龙舟	曾迅、俞燕君
大兜鱼市感怀多	周卢铭
大运河上船夫歌	乔安妮
挂帆一夜到苏杭	王旭庆
竹枝词与莲花落	侯丽婕
运河水路戏班船	仲要东
杭州运河船民习俗	曾迅、俞燕君
官塘河沿岸风貌	沈婷婷
运河边茶馆听书	黄永亮
湖墅的听戏习俗	沈婷婷
艮山求雨风俗	张力
运河风俗蚕花会	王旭庆
皋塘民俗死人节	尚钰娅
六十块石头的传说	高艺洋
大运河丝织文化	黄永亮、俞燕君

续表

撰写内容	作者
西园风俗“请财神”	张沙沙
彭埠习俗跳白神	王旭庆
游船观览大运河	俞剪风（温州肯恩大学）
大运河文化广场	李琪
拱宸桥茶园盖叫天	黄纯丽、俞燕君
博物馆看刀剪剑	周品旭
白荡烟村话今夕	胥琼玉
大兜美食胜利河	袁子霄
古韵金河稻香园	李志彬
武林夜景运河湾	徐天
艮山门下水迢迢	张苏、朱祷青
庆春门外华家池	胥琼玉